Christopher Posch (Hrsg.)

Ihr Recht bei Vorsorge und Erbe

Christopher Posch

Christopher Posch ist Rechtsanwalt in Kassel. Er konzentriert sich in seiner Arbeit auf die Tätigkeit im Bereich des Strafrechts bzw. der Strafverteidigung. In seiner erfolgreichen TV-Sendung „Ich kämpfe für Ihr Recht" (RTL) hilft er Menschen in deren echten und oftmals aussichtslosen Rechtsfällen. Christopher Posch ist zudem Geschäftsführer einer Beratungsgesellschaft in Kassel.

unter Mitarbeit von:

Dr. Stephanie Kaufmann-Jirsa

Dr. Stephanie Kaufmann-Jirsa ist Rechtsanwältin in Feldafing. Sie ist regelmäßig als Buch- und Zeitschriftenautorin für Fachverlage und als Dozentin in den Bereichen Vorsorge, Pflege und Fragen des Arbeitslebens und Arbeitsrechts tätig.

Veronika Raithel

Veronika Raithel ist Rechtsanwältin in Starnberg. Sie konzentriert sich in Ihrer Arbeit auf die Themen Erbrecht, Vorsorge und Pflege sowie Patientenrechte und ist hier bereits vielfach als Autorin und Referentin in Erscheinung getreten.

Impressum:

© 2016 by Smartlaw.de/Wolters Kluwer Deutschland GmbH
Schützenstraße 6a
10117 Berlin
Telefon: +49 30 3465 503 - 0
Telefax: +49 30 3465 503 - 99
E-Mail: service@smartlaw.de
www.smartlaw.de
Stand: 2016

Redaktion: Rechtsanwalt Andreas Pott
Herstellung: Christine Adolph
Geschäftsführer: Martina Bruder, Michael Gloss,
Christian Lindemann, Adrianus Gerardus Verhoef,
Ralph Vonderstein

Umschlaggrafik: Janis Michaelis, SmartLaw
Bilddaten: © tunedin / fotolia.com; Ulf Schaumlöffel; RTL interactive
Satz: Reemers Publishing Services GmbH, Krefeld
Druck: Williams Lea & Tag GmbH, München
ISBN 978-3-86817-802-9

Vorwort

Was passiert, wenn ich einmal nicht mehr da bin? Oder wenn es mir so schlecht geht, dass ich selbst nicht mehr sagen kann, was ich will? Es sind die Themen, die keiner gerne anspricht. Dennoch sollte man es tun. Sollte das Tabu brechen. Denn das alles hat auch rechtliche Auswirkungen für Sie und Ihre Angehörigen.

Es stellen sich viele Fragen. Die können und sollen Sie offen mit allen Angehörigen diskutieren. Soll ich eine Patientenverfügung erstellen? Wer soll für mich sorgen, wer soll mich einmal betreuen? Macht eine Generalvollmacht Sinn? Wie errichte ich mein Testament? Wer soll was erben?

Ganz aktuell hat zum Beispiel der Bundesgerichtshof festgestellt, dass eine Patientenverfügung eine konkrete Entscheidung darüber enthalten muss, welche Maßnahmen ein Patient nicht will. Wie etwa eine künstliche Beatmung. Oder eine künstliche Ernährung. Die Aussage, keine „lebensverlängernden Maßnahmen" zu wollen, reicht hier nicht aus. Das muss man wissen.

Auch die Vorsorgevollmacht, mit der einem Angehörigen oder einer vertrauten Person die Entscheidung über die Gesundheit und die ärztliche Behandlung übertragen werden soll, muss genau gefasst sein. Es muss klar sein, welche Entscheidungen diese Person treffen darf.

Deshalb ist es so wichtig, die Dinge rechtzeitig in die Hand zu nehmen. Sie zu einem Zeitpunkt zu regeln, zu dem man alle Menschen, die es angeht, noch in die Entscheidung einbeziehen kann.

Nur so können Sie alle Angelegenheiten für den Fall Ihres Todes, die Nachlassregelung und die Bestattungswünsche, aber auch eventuelle Krankheiten und den Umgang aller Beteiligten damit regeln. Ob es nun Ihre Familie ist. Oder ob es Ihre Ärzte sind.

Bei der Beantwortung all dieser Fragen möchte ich Sie mit diesem Ratgeber unterstützen. Er soll Ihnen ganz bewusst nicht nur abstrakte Tipps geben und die Rechtslage darstellen. Er soll in der konkreten Situation eine Hilfestellung sein. Daher haben mein Autorenteam und ich ihn um eine Vielzahl von Formularen und Formulierungen ergänzt, welche Sie direkt einsetzen können.

Damit für den „Fall der Fälle" alles geregelt ist.

Ihr

Christopher Posch

Rechtsanwalt

Notizen

Inhalt

Teil 1

Richtige Vorsorge für den Krankheits- und Pflegefall

Notizen

1 Warum Sie vorsorgen sollten

Jeder kann durch einen Unfall, eine Krankheit oder im Alter in die Lage kommen, dass er selbst nicht mehr handeln und keine Entscheidungen mehr treffen kann. Für diesen Fall können Sie rechtzeitig selbst bestimmen, wer dann für Sie handelt. Erteilen Sie daher frühzeitig, also noch in Zeiten geistiger Frische, eine Vorsorgevollmacht oder Betreuungsverfügung und legen Sie in einer Patientenverfügung Ihre Wünsche zur medizinischen Behandlung und Versorgung fest.

Brechen Sie ein Tabu ...

... und reden Sie mit Ihren Nächsten über Krankheit, Unfall und Tod. In jungen Jahren sollten Sie hier klare Ansagen machen: Wer sich deutlich äußert, lässt seine Liebsten nicht im Ungewissen. Wenn der schlimmste aller Fälle eintritt, wissen Ihre Angehörigen zumindest, was Sie für diesen Fall wollten und wie Ihre Meinung dazu ist. Die Schicksalsschläge treffen auch nicht nur Senioren. Wenn Sie beispielsweise mit dem Auto viel unterwegs sind, dann müssen Sie ständig damit rechnen, von heute auf morgen durch einen Verkehrsunfall Ihre Gesundheit – vielleicht nur vorübergehend – einzubüßen.

Auch sehr junge Menschen können plötzlich unheilbar erkranken. Im hohen Alter kann unerwartet die Altersdemenz eintreten. Es gibt noch zahlreiche weitere Situationen, in denen Menschen aller Altersklassen durch Unfall, lebensbedrohliche Erkrankung oder altersbedingt nicht mehr ohne fremde Hilfe ihre Angelegenheiten des täglichen Lebens selbst regeln können. Das Schicksal schlägt **altersunabhängig** zu.

Hinzu kommt, dass durch die Möglichkeiten der modernen Medizin Patienten häufig Behandlungen ausgesetzt werden, die sie so für sich nicht gewollt hätten. Helfen Sie sich und Ihrem Partner, Ihren Angehörigen usw., für den Fall der Fälle vorbereitet zu sein.

1.1 Erteilen Sie Vollmachten

Wenn Ihre Vertrauensperson, die für Sie und in Ihrem Sinne handeln soll, wenn Sie selbst dazu nicht in der Lage sind, keinerlei Vollmachten hat, dann wird selbst der einfachste Behördengang kaum zu bewerkstelligen sein. Wenn Sie heute so erkranken, dass Sie Ihren Willen nicht mehr äußern können, dann kann dies nur mittels Patientenverfügung geschehen. Nur wer eine solche in besseren Zeiten erstellt hat, kann im Nachhinein bei einer medizinischen Behandlung dann noch **über sich bestimmen**, wenn er geistig und körperlich nicht mehr dazu in der Lage ist. Und: Wer will schon eine fremde Person, die im Notfall für einen entscheidet? Eine gerichtlich angeordnete Betreuung wollen sicher viele Menschen vermeiden. Meistens besteht hier der Wunsch danach, dass sich eine ganz bestimmte Person um alle Angelegenheiten kümmern soll, wenn man es selbst nicht mehr kann. Mit einer Vorsorgevollmacht lässt sich die gerichtliche Betreuung vermeiden.

Nehmen Sie sich Zeit. Es muss nicht alles auf einmal gemacht werden. Wer noch einmal nachdenkt, kommt vielleicht zu einem anderen und besseren Ergebnis. Vergessen Sie auch nicht, Ihre Eintragungen bei Bedarf zu **aktualisieren**. Selbst wenn sich an den einzelnen Inhalten nichts geändert hat, sollten Sie vor allem bei der Patientenverfügung durch Ihre Unterschrift mit Datum bestätigen, dass Sie an den getroffenen Verfügungen festhalten wollen. Eine Patientenverfügung sollte spätestens alle zwei Jahre überprüft werden.

1.2 Legen Sie verbindlich fest, was Sie wollen

Wenn Sie eine – ordnungsgemäß erstellte – Patientenverfügung haben, dann müssen Sie nicht mehr damit rechnen, dass Sie in einer schwierigen gesundheitlichen Situation so behandelt werden, wie das vielleicht ein Dritter für gut befindet, nicht aber Sie selbst. Entscheiden Sie selbst, auch in **jungen Jahren**. Unfälle oder Krankheiten können uns alle treffen, gleichgültig, wie alt wir sind. Wenn Sie in einer Betreuungsverfügung im Voraus festlegen, wen das Gericht als Betreuer bestellen soll, wird man Ihren Vorgaben nachkommen. Sie müssen sich dann nicht mit einem Fremden auseinandersetzen, der Ihre Geschäfte regelt.

Treffen Sie keine oder die falschen Vorsorgemaßnahmen, dann müssen Sie immer damit rechnen, dass im Unglücks- oder Krankheitsfall ein anderer – vielleicht eine Ihnen völlig fremde Person – über Ihren Willen hinweg entscheidet. Und: Eine solche Situation kann auch Ihre Liebsten belasten. Die kennen zwar Ihren Willen und Ihre Wünsche sehr gut. Sie haben dann aber nicht die notwendigen Vollmachten, um für Sie zu handeln.

1.3 Legen Sie einen Notfallordner an

Legen Sie einen Notfallordner an, in dem Sie alle notwendigen Informationen sammeln, die Ihren Verwandten ein sinnvolles Handeln möglich machen. Hier gehört alles hinein von A wie Allergie bis Z wie Zentrale Vorsorgeregister-Registrierung. Sie haben auch die Möglichkeit, weitere Blätter, Formulare, Urkunden, Kopien, die für Sie wichtig sind, einzufügen oder den Aufbewahrungsort wichtiger Papiere zu vermerken.

! Diesen Notfallordner kontrollieren Sie einmal im Jahr unter Aktualitätsaspekten. Ist noch alles auf dem neuesten Stand? Muss ich etwas ergänzen oder aktualisieren? Das gilt vor allem für die persönlichen Daten wie Adresse, Telefonnummer usw., die sich durchaus öfter einmal ändern.

Wenn Sie noch leben, aber nicht mehr eigenständig Entscheidungen treffen können, müssen sich Ihre Angehörigen in dem von Ihnen angelegten Notfallordner **Klarheit** verschaffen können. Deshalb sollten Sie besonders darauf achten, dass Ihr Notfallordner den Angehörigen die folgenden Fragen beantwortet:

- Wer handelt und entscheidet im Fall des Falles?
- Wer verwaltet das Vermögen?
- Wer erledigt die Bankgeschäfte?
- Wer organisiert notwendige ambulante Hilfen?
- Wer sucht einen Platz in einem Senioren- oder Pflegeheim?
- Wer kündigt die Wohnung oder den Telefonanschluss?
- Welche ärztliche Versorgung wird bevorzugt?
- Wer entscheidet bei Operationen und medizinischen Maßnahmen?
- Wer kümmert sich um die persönlichen Wünsche und Bedürfnisse?

! Informieren Sie Ihre Angehörigen und/oder Ihre Vertrauensperson darüber, wo Sie Ihren Notfallordner aufbewahren. Nur so ist sichergestellt, dass diese in einem Notfall schnell Zugriff darauf haben.

Achtung! An dieser Stelle noch ein wichtiger Hinweis zum Gebrauch der Formulare in diesem Ratgeber. Die Fußnoten in den Formularen beziehen sich auf die »Wichtigen Hinweise« am Ende eines jeden Formularabschnitts. Dort finden Sie – soweit notwendig – wichtige Tipps zum richtigen Ausfüllen der Formulare. Dabei bildet die erste Zahl immer die **Seitenzahl des Formulars** ab und die zweite Zahl ist **die laufende Nummer der Hinweise** innerhalb dieses Abschnitts.

Beispiel: Die Fußnote 43/3 bedeutet, dass sich der wichtige Tipp auf das Formular auf Seite 43 bezieht und dies der dritte wichtige Tipp im entsprechenden Abschnitt des Ratgebers ist.

Mit Hilfe dieses Verweissystems können Sie jeden wichtigen Hinweis **direkt auffinden**.

Notizen

Notfallkarte

Die Notfallkarte dient zur schnellen Information desjenigen, der Sie in einer hilflosen Situation auffindet. Bitte platzieren Sie diese Karte **gut sichtbar und leicht auffindbar in Ihrer Wohnung** (z.B. neben dem Telefon).

Nehmen Sie zusätzlich eine **Kopie** der Karte in Ihre **Brieftasche**. Legen Sie eine weitere **Kopie** dieser Karte in Ihrem **Notfallordner** ab.[1]

NOTFALLKARTE

Wenn mir etwas zustößt, bitte **unbedingt beachten**:

☐ Ich bin **allergisch** gegen ____________________

☐ Ich nehme folgende **Medikamente**:

____

____

☐ Ich habe einen **Organspendeausweis** und will meine Organe zur Verfügung stellen.

Der Ausweis befindet sich ____________________

☐ Ich habe ***keinen*** Organspendeausweis und bin ***gegen*** eine Organspende.

☐ Ich habe eine **Patientenverfügung**. ☐ Ich habe eine **Betreuungsverfügung**.

Die Verfügung(en) **befinde(t)n sich** ____________________

☐ Ich habe ***keine*** Patientenverfügung. ☐ Ich habe ***keine*** Betreuungsverfügung.

Mein behandelnder Arzt ist:

Dr. ____________________

Name / Adresse / Telefonnummer

In jedem Fall muss/müssen unbedingt **sofort folgende Personen[1] benachrichtigt** werden:

____

Name / Festnetz und Handynummer

---

1 Hier sollte auf jeden Fall derjenige, der in einer Vorsorgevollmacht beauftragt wird, genannt werden und die nächsten Angehörigen, die nicht mit in der Wohnung leben (Kinder, Enkel, gute Bekannte)

Notizen

2 Vor Krankheit ist niemand sicher – Vorbereitung hilft Ihnen und Ihren Angehörigen

2.1 Wer muss sich um die Vorsorge für den Krankheits- oder Pflegefall kümmern?

Ab dem 18. Lebensjahr ist jeder rechtlich für sich alleine verantwortlich. Dann kann und muss jeder für sich selbst handeln.

Es gibt **keine automatische Vertretungsmöglichkeit** für Eheleute, Lebenspartner oder nahe Angehörige. Auch Ehepaare, die seit vielen Jahren verheiratet sind, können sich rechtlich nicht ohne Weiteres gegenseitig vertreten. Streng genommen gilt selbst hier die ärztliche Schweigepflicht, d.h., wenn der eine Ehepartner nicht möchte, dass der andere seine Diagnose erfährt, dann muss der Arzt schweigen.

Besonders bei den vielen **nichtehelichen Lebensgemeinschaften** gibt es häufig Probleme. Hier besteht aus rechtlicher Sicht überhaupt keine Verbindung, auch wenn beide über lange Jahre zusammenleben.

Bei vielen **Alleinstehenden**, die entweder keine oder nur sehr entfernt wohnende Familienangehörigen haben, stellt sich die Frage, wer sich überhaupt kümmern soll. Wem kann ich vertrauen und alle meine Angelegenheiten ruhigen Gewissens in die Hände legen? Wie kann ich eine Kontrolle über dessen Handeln erreichen? Fragen, deren Beantwortung man nicht auf die lange Bank schieben sollte.

2.2 Was es mit der ärztlichen Schweigepflicht auf sich hat

Der Arzt darf nichts über Sie, Ihre Erkrankung, die Behandlung und alles, was Sie ihm anvertraut haben, an eine andere Person weitergeben – das gilt auch für Ihre engsten Verwandten.

Nach § 203 Strafgesetzbuch macht sich der Arzt, der gegen die Schweigepflicht verstößt, sogar strafbar, auch dann, wenn er den Angehörigen eigentlich helfen wollte.

Die ärztliche Schweigepflicht dauert auch **über den Tod des Patienten hinaus**. Nach dem Tod des Patienten können Ihre Angehörigen den Arzt von der Schweigepflicht nicht wirksam entbinden.

Die Erteilung von Auskünften an Erben, Angehörige oder Dritte oder die Herausgabe von Krankenunterlagen Verstorbener **verstößt** gegen die ärztliche Schweigepflicht. Dasselbe gilt für die Mitarbeiter Ihres Arztes und die Angehörigen der nichtärztlichen Heilberufe, also z. B. auch die Masseure, Krankengymnasten und medizinisch-technische Assistenten.

Achtung: Wenn Ihnen daran gelegen ist, dass Ihre Angehörigen, Freunde, Lebenspartner usw. verlässlich Auskunft von einem Arzt erhalten, dann sollten Sie eine Entbindung von der Schweigepflicht ausfüllen und im Notfallordner aufbewahren.

2.3 Das gilt für die »Nichteheliche Lebensgemeinschaft«

In Deutschland gibt es fast 3 Millionen nichteheliche Lebensgemeinschaften.

Mit dem bewussten Verzicht auf den staatlichen Segen in Form des Trauscheins läuft die Partnerschaft weitestgehend ohne gesetzliche Regelungen ab. Es ist deshalb besonders wichtig, im Hinblick auf den Notfall eindeutige Regelungen zu treffen. Die Partner in nichtehelichen Lebensgemeinschaften beschäftigt die Frage, was passiert, wenn dem anderen etwas zustößt.

Wenn für diesen Fall keine Regelungen getroffen werden, müssen Sie damit rechnen, dass z. B. ein entfernter Verwandter ausfindig gemacht wird, der dann entscheiden muss, ob eine Operation durchgeführt wird oder nicht.

Den nichtehelichen Lebenspartner dürfen die Ärzte jedenfalls **nicht informieren und schon gar nicht entscheiden lassen**. Von elementarer Bedeutung für nichteheliche Partner sind daher eine Entbindung von der ärztlichen Schweigepflicht, eine Patientenverfügung und eine Vorsorgevollmacht, damit im Ernstfall auch der Lebenspartner z. B. die Einwilligung in die notwendige Operation erteilen kann.

2.4 Durchbrechen der Schweigepflicht

Vielleicht kennen Sie diese Situation: Man hat Sie im Krankenhaus informiert, obwohl keine Entbindung von der Schweigepflicht vorgelegt wurde. Ein Arzt darf Auskunft geben, wenn er davon ausgehen darf, dass der Patient damit einverstanden wäre.

Kann ein – etwa bewusstloser – Patient sein Einverständnis nicht geben, kann der Arzt **Indizien als Grundlage** für ein Einverständnis heranziehen. Wenn er daraufhin davon ausgehen kann, dass ein dazu fähiger Patient sein Einverständnis erteilen würde, darf er Auskunft geben.

Ob ein Arzt davon ausgehen wird, wenn es sich um einen nichtehelichen Lebenspartner handelt, ist fraglich. Deshalb ist es für Nichtverheiratete besonders wichtig, für Notfälle vorbereitet zu sein. Ohne Entbindung von der Schweigepflicht bekommen sie womöglich keine Auskunft.

3 Die Patientenverfügung – ein zentrales Vorsorgedokument

Der Fortschritt macht es möglich, dass die Medizin heutzutage vielen eine Rettung bieten kann, denen man früher nicht hätte helfen können. Für schwerkranke Menschen, die leiden müssen, und ihre Angehörigen bedeutet dies eine echte Hoffnung. Zugleich stellt die moderne Medizin – und hier im Besonderen die sogenannte »Apparatemedizin« – eine Gefahr dar. Sie birgt die Angst davor, länger leiden zu müssen als unbedingt notwendig und den Prozess des Sterbens unmenschlich zu verlängern.

3.1 Die Patientenverfügung ist verbindlich

Wichtig ist, dass Ihr Wille ausschlaggebend und **absolut verbindlich** ist.

Auch der Abbruch bereits eingeleiteter Maßnahmen wie eine künstliche Beatmung oder Ernährung ist rechtlich zulässig, wenn dies dem Willen des Patienten entspricht. Das hat der Bundesgerichtshof in einem Urteil vom 25.06.2010 ausdrücklich klargestellt.

Wichtig: Es gibt nach wie vor Bedenken, ob eine Patientenverfügung Sinn macht. Gerade weil die Rechtslage hier problematisch war und es oft Fälle gab, in denen eine einmal begonnene Behandlung nicht beendet wurde, obwohl dies der Wunsch des Patienten war. Seit der Entscheidung aus dem Jahr 2010 und der Einführung des Gesetzes über die Patientenverfügung, die beide die Verbindlichkeit einer solchen Verfügung bestätigen, müssen Sie sich hier keine Sorgen machen. Auch wenn ein Arzt anderer Meinung ist, muss er sich an die Vorgaben Ihrer Patientenverfügung **unbedingt halten**. Wenn nicht, kann er sich strafbar machen.

3.2 Das ist eine Patientenverfügung

Die Patientenverfügung ist **keine Vollmacht**. Sie bringt Ihre Vorstellungen und Wünsche bezüglich künftiger Behandlungen in ganz speziellen Situationen verbindlich zur Geltung.

Das Recht sieht vor, dass jeder von uns nur dann von einem Arzt behandelt werden darf, wenn er zuvor sein **Einverständnis** in die Behandlung erklärt hat. Dazu muss der Arzt seinen Patienten genau über die Behandlung aufklären. Nur dann kann man sich entscheiden, ob man eine Behandlung möchte oder nicht.

Niemand ist gezwungen, die Einwilligung zu erklären. Sie können auch jederzeit eine bereits begonnene Behandlung abbrechen. Selbst wenn der Arzt eine andere Meinung hat, liegt die letzte Entscheidung immer bei Ihnen.

Problematisch ist das alles aber dann, wenn Sie selbst nicht (mehr) gefragt werden können. In akuten Situationen darf ein Arzt rechtlich davon ausgehen, dass eine sogenannte **mutmaßliche Einwilligung** vorliegt. Etwa bei einem schweren Verkehrsunfall, bei dem ein Bewusstloser vom Notarzt aufgefunden wird. Das heißt, der Arzt darf vermuten, dass der Patient, wenn er bei Bewusstsein wäre, in die Behandlung einwilligen würde. Das gilt aber nur in solchen Ausnahmefällen.

In allen anderen Fällen muss es jemanden geben, der Entscheidungen **für den Betroffenen** fällen kann. Deshalb ist es sehr wichtig, eine Vorsorgevollmacht zu erstellen, die zumindest für den Bereich der Gesundheitsvorsorge gilt. Gibt es die nicht, wird für diesen Bereich ein Betreuer bestellt. Darüber hinaus müssen der Arzt und der Bevollmächtigte herausfinden, wie der Betroffene entscheiden würde, wenn er das noch könnte.

Genau für diese Entscheidung kann man in einer Patientenverfügung für alle verbindlich festlegen, welche Behandlungen man in Zukunft **auf keinen Fall** will. So kann festgelegt werden, dass man weder eine künstliche Beatmung noch eine künstliche Ernährung möchte. Weitere Beispiele finden Sie in unserem Formular zur Patientenverfügung.

Je genauer Sie hier festlegen, welche Maßnahmen unterlassen werden sollen, desto leichter wird es später für den Arzt und Ihren Bevollmächtigten, Ihren Willen festzustellen. In einer solchen Patientenverfügung können Sie schriftlich für den Fall Ihrer Entscheidungsunfähigkeit **im Voraus** festlegen, ob und wie Sie in bestimmten Situationen ärztlich behandelt werden möchten.

3.3 Der Vorteil einer Patientenverfügung

Mit einer Patientenverfügung lässt sich **Vorsorge für Krankheitsfälle** treffen.

Mit einer Patientenverfügung **entscheiden Sie selbst**, ob und wenn ja welche medizinischen Maßnahmen und Behandlungen für Sie ergriffen werden. Damit erzielen Sie zwei Effekte: Zum einen können Sie sicher sein, dass medizinisch nur das gemacht wird, was Sie auch wünschen. Und zum anderen geben Sie Ihren Angehörigen eine **Marschroute** vor. Sie bieten ihnen Sicherheit und schützen sie vor schwierigen Entscheidungen, die diese nur ungern ohne Ihre Vorgaben treffen wollen.

Eine Patientenverfügung ist also dazu da, Ihren **Willen zu dokumentieren,** wenn Sie selbst nicht mehr entscheiden können, ob bestimmte ärztliche Maßnahmen ergriffen werden oder unterbleiben sollen. Nichtsdestotrotz bleibt eine Patientenverfügung ein Schriftstück, und man kann Sie nicht mehr fragen, was Ihr Wunsch und Wille ist. Deshalb empfiehlt es sich, dass Sie jemanden beauftragen und bevollmächtigen, der Ihren Willen mit Rechtskraft äußern kann.

! Es empfiehlt sich, neben der Patientenverfügung auch eine **Vorsorgevollmacht** oder zumindest eine Betreuungsverfügung zu treffen. Wenn niemand eine solche Vollmacht von Ihnen hat, wird das Betreuungsgericht für Sie einen Betreuer bestellen. Dieser muss dann auch Ihren Willen, also was Sie in der Patientenverfügung festgelegt haben, beachten.

3.4 Das passiert, wenn eine Patientenverfügung fehlt

Solange Sie als Patient entscheidungsfähig und einwilligungsfähig sind, werden Ärzte Sie über alle erdenklichen ärztlichen Maßnahmen aufklären und beraten.

Falls Sie aber keine Entscheidungen mehr treffen können und Ihren Willen nicht mehr äußern können, muss ein **Bevollmächtigter oder Betreue**r für Sie entscheiden. Ist weder ein Bevollmächtigter noch ein Betreuer bestellt, muss der Arzt vermuten, was Sie wohl wünschen würden, und nach Ihrem »mutmaßlichen Willen« handeln. Das gilt vor allem bei eilbedürftigen Maßnahmen.

Wenn eine Behandlung nicht ganz so eilig ist, müssen die Klinik bzw. die Ärzte dafür sorgen, dass für Sie ein **vorläufiger Betreuer** bestellt wird. Auch dann ist für diesen Betreuer wieder entscheidend, was Ihr mutmaßlicher Wille ist. Dieser ist maßgebend für jede weitere Maßnahme, zu der Sie sich selbst nicht mehr äußern können.

Ihre Ärzte und/oder Ihr Betreuer müssen ermitteln, wie Sie sich in der gegebenen Situation entscheiden würden, wenn Sie noch in der Lage wären, sich zu äußern. Ärzte üben Ihren Beruf aus, um zu heilen und zu retten, und vermuten auch von Ihren Patienten, dass diese gerettet werden wollen. Schon aus diesem Grund wird ein Arzt, der keine wirksame andere Verfügung vorliegen hat, **immer lebenserhaltende und lebensrettende Maßnahmen** ergreifen. Nichts anderes wird von ihm erwartet.

Eine Patientenverfügung muss deshalb **klar und deutlich** sein, damit sich Ärzte ausnahmsweise anders entscheiden.

Haben Sie sich mit dieser Problematik nie auseinandergesetzt, nie eine schriftliche Verfügung ausgearbeitet und sich auch nie bei Verwandten und/oder Freunden darüber geäußert, was Sie sich in einer solchen Situation wünschen würden? Dann wird es schwierig oder sogar unmöglich werden, Ihren Willen ausfindig zu machen. Deshalb ist es für jeden von uns **vorausschauend**, diesen Willen in einer Patientenverfügung festzulegen. Damit ist gewährleistet, dass sich Ärzte und/oder Ihr Betreuer oder Bevollmächtigter an Ihren Willen halten und diesen beachten müssen. Und zwar so, wie er in der Patientenverfügung festgelegt ist.

Wichtig: Eine Patientenverfügung muss **schriftlich** formuliert werden. Zum einen ist dies gesetzlich seit 2009 so vorgesehen. Zum anderen ist das für denjenigen, der Ihren Willen umsetzen soll, wichtig. Nur so kann er Ihre Entscheidung gegenüber den Ärzten beweisen.

Patientenverfügungen, die schon vor 2009 schriftlich verfasst wurden, **bleiben gültig**. Andere Formerfordernisse gibt es nicht. Sie müssen also z. B. nicht Ihre Patientenverfügung notariell beglaubigen lassen.

Eine Patientenverfügung kann **jeder** verfassen, der volljährig und einwilligungsfähig ist. Einwilligungsfähig ist, wer die Art, die Bedeutung, die Tragweite und die Risiken einer beabsichtigten medizinischen Maßnahme sowie deren Ablehnung verstehen und seinen Willen hiernach bestimmen kann.

! Wenn Sie eine Patientenverfügung erstellen, müssen Sie bedenken, dass sich Wünsche, Entscheidungen und Einstellungen im Laufe Ihres Lebens ändern können. Das gilt vor allem dann, wenn jemand z. B. unter einer schweren Krankheit leiden muss. Vielleicht nimmt man dann die Dinge anders wahr und würde sich auch für die medizinische Versorgung etwas anderes wünschen. Aus diesem Grund kann man eine Patientenverfügung **jederzeit ändern** oder auch vollständig widerrufen.

3.5 So binden Sie die Ärzte an Ihre Verfügung

Ihre Patientenverfügung muss so formuliert sein, dass Ihr Wille in Bezug auf ärztliche Maßnahmen eindeutig und sicher festgestellt werden kann. Ist das der Fall, kann der Arzt **nicht mehr gegen Ihren Willen** entscheiden.

Der Gesetzgeber hat deshalb auch geregelt, dass selbst lebenserhaltende oder -verlängernde Maßnahmen unterbleiben müssen, wenn dies dem geäußerten Willen des Patienten in einer Patientenverfügung entspricht. **Sie können also wirksam auf lebensverlängernde Maßnahmen verzichten.** Das gilt unabhängig vom Stadium oder vom Verlauf der Erkrankung, also auch schon vor dem Beginn des Sterbevorgangs.

Nach Ansicht der Bundesärztekammer ist eine Patientenverfügung dann verbindlich, wenn sie sich auf eine konkrete Behandlungssituation bezieht und keine Umstände erkennbar sind, dass der Patient die Verfügung nicht mehr gelten lassen würde. Eine Patientenverfügung, die möglichst aktuell oder zumindest zeitnah erstellt wurde und die konkret auf eine oder mehrere Krankheitsbilder Bezug nimmt, ist für Ärzte und Angehörige am hilfreichsten.

! Eine einmal erstellte Patientenverfügung muss in bestimmten Zeitabständen überdacht und ggf. **aktualisiert** werden. Das gilt vor allem im Krankheitsfall. Selbstverständlich können Sie eine Patientenverfügung jederzeit ändern oder widerrufen.

Ärzte müssen eine verbindliche Patientenverfügung **beachten**. Wer den Patientenwillen missachtet, muss mit einer Anzeige wegen Körperverletzung rechnen. Es kann also zu einer strafrechtlichen Verfolgung der Angelegenheit kommen.

Wenn es **zweifelhaft** ist, ob die in einer vorgelegten Patientenverfügung geäußerten Wünsche des Patienten auf die aktuelle Lebens- und Behandlungssituation zutreffen, müssen Nachforschungen angestellt werden. Das kann etwa dann der Fall sein, wenn man eine Patientenverfügung in jungen Jahren erstellt. Zu diesem Zeitpunkt rechnete man beispielsweise niemals mit einer Leukämieerkrankung. So hat man die Patientenverfügung über Jahrzehnte nicht aktualisiert. Wenn dann im Alter eine Leukämieerkrankung auftritt, können berechtigte Zweifel daran bestehen, ob die Patientenverfügung noch das wiedergibt, was der Patient für diesen Fall gewollt hätte. Bei der Feststellung des Patientenwillens in solchen Zweifelsfällen müssen die nahen Angehörigen und sonstige Vertrauenspersonen des Patienten befragt werden. Sie müssen Gelegenheit zur Äußerung haben, wenn dies ohne erhebliche Verzögerung möglich ist.

Wichtig: Damit in einem solchen Fall mit den »richtigen« Personen gesprochen wird, sollten Sie in Ihrer Patientenverfügung Angaben dazu machen, **welche Personen** bei der eventuellen späteren Erörterung Ihres Willens hinzugezogen oder nicht hinzugezogen werden sollen.

Im Streitfall entscheiden die Gerichte

Es gibt Gerichtsentscheidungen, wonach eine Patientenverfügung für den Arzt absolut verbindlich ist.

Wenn es um den **Abbruch lebensverlängernder Maßnahmen** geht, muss nach Ansicht anderer Gerichte immer vorab das Betreuungsgericht befragt werden. Das Betreuungsgericht selbst ist dann natürlich wieder an die Wünsche des Betroffenen in der Patientenverfügung gebunden.

» **Beispiel:** Frau X formuliert eine Patientenverfügung. Sie verfügt darin, dass auf alle lebensverlängernden Maßnahmen wie z. B. Beatmung, künstliche Ernährung usw. verzichtet werden soll. Außerdem bevollmächtigt Sie Ihre Tochter Y. Die soll dafür sorgen, dass die behandelnden Ärzte dies auch wissen. Kurze Zeit darauf verschlechtert sich ihr Gesundheitszustand. Eine künstliche Beatmung wird notwendig. Die Tochter legt dem behandelnden Arzt die Patientenverfügung vor und verlangt den Abbruch der Behandlung. Der behandelnde Arzt möchte die Beatmung jedoch nicht einstellen.

Der Abbruch lebensverlängernder Maßnahmen wie künstliche Beatmung oder künstliche Ernährung ist rechtlich zulässig – wenn dies auch dem Willen des Patienten entspricht. Klar und deutlich kann man dies in der Patientenverfügung festlegen, was Frau X hier auch gemacht hat.

Nach einer Entscheidung des Bundesgerichtshofs aus dem Jahre 2003 reicht es aber in manchen Fällen trotzdem nicht aus, dass eine entsprechende Patientenverfügung vorliegt und ein Bevollmächtigter den Willen vorträgt. Die Entscheidung des Bevollmächtigten muss in bestimmten Fällen **zusätzlich** durch das zuständige Vormundschaftsgericht genehmigt werden.

Wenn der Wille des Patienten zum Abbruch der Behandlung eindeutig ist und der Arzt eine Behandlung aus medizinischen Gründen nicht mehr für angezeigt hält, ist eine Genehmigung des Vormundschaftsgerichts für den Behandlungsabbruch nicht erforderlich, so der Bundesgerichtshof (BGH, NJW 2003, 1588).

Nur der Patient selbst darf bestimmen, wie in dieser Situation mit ihm verfahren werden soll. Wenn der Patient in einer Patientenverfügung bestimmt hat, dass er keine lebensverlängernden Maßnahmen wünscht, so hat dieser Wille **absoluten Vorrang**. Er bindet die Ärzte.

Eine Entscheidung des Vormundschaftsgerichts ist nur dann zusätzlich erforderlich, wenn der Bevollmächtigte oder der Betreuer um Abbruch der lebensverlängernden Maßnahmen unter Vorlage einer entsprechenden Patientenverfügung bittet und der behandelnde Arzt den Behandlungsabbruch **ablehnt**. In diesen Fällen muss das Vormundschaftsgericht entscheiden, ob die Behandlung abgebrochen werden soll oder nicht.

Im hier genannten Beispielsfall muss sich also die Tochter von Frau X an das Vormundschaftsgericht wenden, falls der Arzt weiterhin beatmen möchte.

» **Beispiel:** Frau X wird mit einer Magensonde künstlich ernährt. Sie hat vor 12 Jahren eine Patientenverfügung hinterlegt. In der Patientenverfügung hat sie festgelegt, dass sie keine lebensverlängernden Maßnahmen wünscht. Sie hat ihre Tochter bevollmächtigt, dies den behandelnden Ärzten darzulegen. Die Tochter legt die Patientenverfügung vor und dennoch weigert sich der Arzt, die künstliche Ernährung einzustellen. Er hat Zweifel daran, dass man nach 20 Jahren noch davon ausgehen kann, dass diese Verfügung dem aktuellen Willen der Patientin entspricht.

Nur das Alter einer Patientenverfügung gibt noch keinen Aufschluss darüber, dass dies nicht mehr der aktuelle Wille des Patienten ist. Der Arzt muss also die Behandlung abbrechen. Dennoch: Wenn Sie Ihrem Bevollmächtigten Ärger ersparen wollen, dann **aktualisieren** Sie hin und wieder die Patientenverfügung. Wenn sich Ihre Meinung zu den Dingen nicht geändert hat, dann verwenden Sie einfach das aktuelle Datum und erneuern Sie die Unterschrift. Damit stellen Sie auch klar, dass der Inhalt der Verfügung noch Ihrem tatsächlichen Willen entspricht.

Wichtig: Von einem Arzt kann nur verlangt werden, was rechtlich erlaubt ist. Sie können also auch in einer Patientenverfügung nicht festlegen, dass ein Arzt etwas unternehmen soll, was ihm gesetzlich nicht gestattet ist. Der Arzt ist nur an solche Verfügungen gebunden, die etwas festlegen, was ihm gesetzlich gestattet ist.

Für die Wünsche in einer Patientenverfügung gibt es **Grenzen**: Aktive Sterbehilfe ist z. B. strafrechtlich nicht zulässig. An einen solchen Wunsch in einer Patientenverfügung muss bzw. darf sich kein Arzt halten. Wer hingegen eine Schmerzlinderung ohne lebensverkürzendes Risiko wünscht, hat einen rechtlich zulässigen Wunsch geäußert. Ein solcher Wunsch in der Patientenverfügung darf nicht unter strafrechtlichen Gesichtspunkten zurückgewiesen werden.

3.6 So formulieren Sie die Patientenverfügung richtig

Eine Patientenverfügung ist vor allem eine Anweisung an einen in Zukunft behandelnden Arzt. Lassen Sie sich deshalb beim Erstellen der Patientenverfügung **von einem Arzt beraten** und verwenden Sie das Formular aus diesem Ratgeber.

! Werden Sie so konkret und individuell wie möglich. Nennen Sie das »Kind beim Namen« und legen Sie fest, welche Behandlung unter welchen Bedingungen nicht begonnen oder nicht fortgesetzt werden darf. Wählen Sie keine allgemeingültigen Aussagen wie z. B. »Ich wünsche, in Würde zu sterben« oder »Ich will kein unerträgliches Leiden«.

3.7 So bewahren Sie Ihre Patientenverfügung sicher auf

Ihre Patientenverfügung können Sie bei Ihren persönlichen Unterlagen aufbewahren oder auch in Ihrem **Notfallordner**.

Ebenso können Sie die Patientenverfügung einem Angehörigen oder einer anderen Person Ihres Vertrauens zur Verwahrung überlassen. Dabei muss aber sichergestellt sein, dass diese Person im Notfall umgehend erreichbar ist. Deshalb macht es Sinn, in Ihrem Geldbeutel oder in Ihrer Brieftasche eine Notfallkarte aufzubewahren mit einem Hinweis darauf, dass Sie eine Patientenverfügung haben und wo diese zu finden ist.

Wichtig ist, dass Ihre Angehörigen nicht lange suchen müssen und die Patientenverfügung im Notfall so schnell wie möglich an den behandelnden Arzt ausgehändigt werden kann – und zwar im **Original**.

Denken Sie auch daran, Ihren **Hausarzt** über die Patientenverfügung zu informieren.

! Wenn Sie Ihre Patientenverfügung mit einer Vorsorgevollmacht kombinieren, steht Ihnen das elektronische Register der Bundesnotarkammer www.vorsorgeregister.de offen. Eine Patientenverfügung isoliert kann man dort aber nicht registrieren lassen.
In der Praxis wird im Krankenhaus allerdings niemand im Vorsorgeregister prüfen, ob Sie eine Patientenverfügung haben. Deshalb müssen Sie auch hier auf Ihre Patientenverfügung aufmerksam machen und z. B. ein Kärtchen im Geldbeutel mit sich führen.

4 Vorsorgevollmacht: Wenn es nicht um Anweisungen an Ihre Ärzte geht

Mit einer Patientenverfügung haben Sie für in Zukunft handelnde Ärzte genaue Anweisungen erteilt. Ihre Vertreter werden sich dafür einsetzen, dass diese berücksichtigt werden. Aber was ist mit Ihren sonstigen Angelegenheiten? Ihre persönlichen Dinge, Ihr Vermögen, Ihre Wohnung oder Immobilie? Denkbar sind auch Schicksalsschläge, nach denen man nicht mehr in der Lage ist, irgendetwas aus dem alltäglichen Leben zu regeln.

! Unterliegen Sie bitte nicht dem Irrtum, dass Sie für solche Fälle nicht vorsorgen müssen, weil Sie ja verheiratet sind und/oder Kinder haben. Sicher werden sich Ihre Nächsten um Sie kümmern. Ehegatte oder Kinder können aber nicht allein aufgrund des verwandtschaftlichen Verhältnisses zu Ihnen rechtsverbindliche Erklärungen abgeben oder Entscheidungen für Sie treffen. Nur minderjährige Kinder werden gesetzlich von Ihren Eltern vertreten. Für einen Volljährigen können Angehörige nur in zwei Fällen entscheiden oder Erklärungen abgeben: Entweder sie haben eine Vollmacht oder sie wurden gerichtlich zum Betreuer bestellt.

Fällt jemand plötzlich durch eine Krankheit oder einen Unfall aus, dann muss sich der Bevollmächtigte schnell ein umfassendes Bild von der finanziellen und rechtlichen Lage machen können. Dazu müssen alle wichtigen Unterlagen **geordnet an einer Stelle** aufbewahrt werden, die der Bevollmächtigte kennt.

So gehen Sie vor:

- Stellen Sie sich zunächst Ihre ganzen **persönlichen Daten** zusammen.
- Dann machen Sie eine Übersicht über alles **Finanzielle**: Bei welchen Banken haben Sie Konten, Sparverträge, Wertpapieranlagen usw.? Gibt es Immobilieneigentum?
- Damit der Bevollmächtigte auch überprüfen kann, ob Sie **Leistungen aus Versicherungen** erhalten können, z.B. nach einem Unfall aus einer Unfallversicherung, sollten Sie auch alle Ihre Versicherungsverträge in einer Übersicht zusammenstellen. Mit diesen Aufstellungen kann sich der Bevollmächtigte dann schnell ein Bild machen.
- Sobald eine komplette Übersicht vorliegt und Sie sich sicher sind, wer die Bevollmächtigung übernehmen soll, können Sie eine Vorsorgevollmacht verfassen.

Es ist **nicht** nötig, die Vorsorgevollmacht beim **Notar** beglaubigen zu lassen. Nur wenn Sie dem Bevollmächtigten auch das Recht einräumen wollen, Ihre Immobilien zu verkaufen, muss der Notar Ihre Unterschrift beglaubigen.

4.1 Das ist eine Vorsorgevollmacht

Der Inhalt der Vorsorgevollmacht wird ganz alleine nach Ihren Vorstellungen bestimmt. Sie können eine umfassende Generalvollmacht erteilen oder dem Bevollmächtigten nur bestimmte Bereiche wie z.B. die Gesundheitsfürsorge übertragen.

Wichtig: Je umfassender die Vollmacht ist, desto mehr **Risiken** birgt sie. Zu einer umfassenden Vertretung sollten Sie nur Personen bestimmen, die Ihnen sehr nahe stehen und denen Sie vollkommen vertrauen können.

Außerdem sollten Sie sich genau überlegen, **wie weit** die Vollmacht gehen soll. Nur in den Bereichen, in denen es eine Vorsorgevollmacht gibt, ist eine gesetzliche Betreuung ausgeschlossen. Erlaubt z. B. die Vorsorgevollmacht nur die Vertretung in finanziellen Angelegenheiten, dann muss u.U. für die Gesundheitsfürsorge später doch ein (zusätzlicher) Betreuer bestellt werden.

Die Vorsorgevollmacht sollte immer ausdrücklich **bestimmte Bereiche** aufführen. Von einer Generalvollmacht, die nur »eine Vertretung in allen rechtlichen Belangen« vorsieht und keine Bereiche einzeln aufführt, ist abzuraten.

Als Bereiche kommen u.a. infrage:

- Vermögensverwaltung: Vertretung gegenüber Banken, Versicherungen etc.
- Vertretung gegenüber Behörden und Gerichten
- Gesundheitsfürsorge: Hier ist die Entbindung aller Ärzte von der Schweigepflicht besonders wichtig, damit der Bevollmächtigte auch die Behandlungen überwachen kann
- Öffnen von Post
- Auflösen der Wohnung
- Verkauf von Immobilien zur Finanzierung von Pflegekosten
- Vereinbarungen mit Heimen oder ambulanten Pflegediensten
- Kündigung von Verträgen (Telefon, Mitgliedschaft in Vereinen usw.)
- Pflege und Betreuung von Haustieren (etwa die Beauftragung eines Tierarztes, Kündigung und Neuabschluss von Einsteller-Verträgen für Pferde). Hier empfiehlt es sich, möglicherweise einer weiteren Person, die Ihr Haustier kennt, eine **gesonderte Vollmacht** zu erteilen, denn nicht jeder Vorsorgebevollmächtigte kann und mag sich auch um Tiere kümmern.

Überprüfen Sie in diesem Zusammenhang aber auch, ob nicht weitere Vollmachten nötig sind. Sind Sie z.B. **selbstständig** tätig, dann benötigen Sie u.U. eine spezielle Vollmacht, damit Ihr Geschäft weitergeführt werden kann.

Haben Sie als **Vermieter** Mietverträge abgeschlossen, dann muss Sie jemand gegenüber den Mietern, aber möglicherweise auch in einer Eigentümerversammlung oder gegenüber einer Hausverwaltung vertreten. Hierzu können Sie Einzelvollmachten verwenden.

! Gerade bei Geschäftsvollmachten sollten Sie sich aber **juristischen Rat** holen und die Vollmacht gegebenenfalls von einem Rechtsanwalt anfertigen lassen.

Wichtig: Eine Vorsorgevollmacht wirkt **über den Tod des Vollmachtgebers hinaus**. Damit soll sichergestellt sein, dass sich jemand nach dem Tod sofort um den Nachlass und die Beerdigung kümmern kann. Sollten Sie das nicht wünschen, weil Sie z.B. einen Testamentsvollstrecker eingesetzt haben, dann muss das ausdrücklich vermerkt werden.

! Setzen Sie sich mit Ihrem **Ehegatten** gegenseitig ein, dann sollten Sie auch eine Regelung aufnehmen, welche die Vollmacht dann erlöschen lässt, wenn einer der Ehepartner einen **Scheidungsantrag** bei Gericht einreicht. Das wird häufig übersehen. Aber die Scheidung alleine widerruft eine Vorsorgevollmacht nicht automatisch.

Eine ähnliche Konstellation ergibt sich bei nichtehelichen Lebensgemeinschaften. Auch hier setzen sich die Partner, gerade wenn sie lange zusammenleben, gegenseitig ein. Allerdings ist es hier schwieriger einen genauen Zeitpunkt für das Erlöschen festzulegen, der dann auch im Zweifel nachgewiesen werden kann. Es könnte zum Beispiel der Zeitpunkt, ab dem der eine nicht mehr unter derselben Adresse gemeldet ist, genannt werden (vorausgesetzt, der andere meldet sich auch tatsächlich ab).

! Sie können den Umfang und den Inhalt der Vorsorgevollmacht **jederzeit ändern** oder diese auch ganz widerrufen. Sie müssen dafür keinen Grund angeben.

4.2 Keine Vollmacht: Es erfolgt die Betreuung von Amts wegen

Wer sich überhaupt nicht mit diesen Themen auseinandersetzen möchte, dem hilft immerhin noch das Gesetz. Denn jeder muss natürlich zumindest per Gesetz eine Vertretung zugesprochen bekommen, wenn er außerstande ist, für sich selbst zu sorgen. Bei Kindern sind dies die Eltern, bei Volljährigen, die nicht geschäftsfähig sind, ist das ein Betreuer.

Ein Betreuer wird durch das **Gericht** eingesetzt. Der Richter ordnet zunächst eine Überprüfung des Gesundheitszustands an. Kommt der Gutachter zu dem Ergebnis, dass der Betroffene nicht mehr (voll) geschäftsfähig ist, dann muss der Richter die Aufgabenkreise des zukünftigen Betreuers festlegen. Er muss feststellen, wo der Betroffene Hilfe braucht. Also etwa in Vermögensangelegenheiten oder in der Gesundheitsvorsorge. Der Betreuer erhält einen Betreuerausweis, der die ihm zugewiesenen Bereiche nennt.

Meist wird ein **Angehöriger** vom Gericht gefragt, ob er die Betreuung übernimmt. Es ist auch möglich, schon frühzeitig schriftlich festzulegen, wer als Betreuer eingesetzt werden soll. Eine gesetzliche Verpflichtung, eine Betreuung zu übernehmen, gibt es aber nicht. Das kann auch abgelehnt werden. Daher sollte man es zuvor mit dem ins Auge gefassten Betreuer absprechen.

Wichtig: Findet sich niemand aus dem Familien- oder Bekanntenkreis, dann wird ein Berufsbetreuer, in der Regel ein Rechtsanwalt, vom Gericht mit diesen Aufgaben beauftragt.

Jeder Betreuer muss in regelmäßigen Abständen dem Gericht Rechenschaft über seine Tätigkeit ablegen, z.B. die Ausgaben samt Belegen, die für den Betreuten gemacht wurden.

Eine Betreuung ist darüber hinaus nicht kostenlos. Es entstehen Gerichtsgebühren. Wird ein Berufsbetreuer eingesetzt, dann bekommt dieser eine Vergütung für seine Tätigkeit, die aus dem Vermögen des Betreuten bezahlt werden muss. Nur wenn der Betreute ganz mittellos ist, übernimmt der Staat die Kosten.

Die Anzahl der Betreuungen in Deutschland steigt ständig. Viele Berufsbetreuer finden kaum Zeit, sich wirklich mit den ihnen anvertrauten Personen zu befassen. Der Aufwand, den eine Betreuung mit sich bringt, lässt aber auch viele Angehörige davor zurückschrecken.

4.3 Vollmacht: Die Alternative zum Betreuungsverfahren

Die meisten gehen davon aus, dass die gerichtliche Betreuung der Regelfall ist. Das Gesetz geht aber davon aus, dass die Betreuung nur dann eingerichtet werden darf, wenn keine Vollmacht vorliegt. Jeder sollte dem Grundgedanken des Gesetzes nach für sich selbst vorsorgen. Die **Betreuung soll die Ausnahme** sein. In der Praxis ist das aber leider nicht der Fall.

Es gibt die Möglichkeit, für einzelne Rechtsgeschäfte wie z.B. den Kauf eines Autos Vollmachten zu erteilen. Man kann aber auch in einer einzigen Vollmacht dem Bevollmächtigten verschiedene Möglichkeiten einräumen.

Bei einer Vorsorgevollmacht wird dem Bevollmächtigten ein nach den **Vorstellungen des Vollmachtgebers** bestimmter Aufgabenbereich zugewiesen: Das kann von einer Vollmacht für Gesundheitsangelegenheiten wie z.B. der Überwachung von Pflegeleistungen bis hin zur »Rund-um-

Vollmacht«, auch Generalvollmacht genannt, die die komplette Rechtsvertretung in allen Bereichen erlaubt, gehen. Je weiter die Vollmacht gefasst ist, desto eher wird damit die gesetzliche Betreuung verhindert. Denn für die Bereiche, für die eine Vorsorgevollmacht besteht, wird keine gesetzliche Betreuung eingerichtet.

Wichtig für eine richtige Vorsorge ist es, sich zunächst zu überlegen, **wer** überhaupt als Bevollmächtigter infrage kommt. Eheleute setzen sich in der Regel gegenseitig ein. Das ist auch sinnvoll. Sind aber beide schon betagt, kann es besser sein, gleich Kinder oder andere Verwandte einzusetzen. Denn der andere Ehegatte ist hier oft mit einer Vollmacht überfordert.

Wird eine fremde Person, z.B. ein Nachbar oder auch ein Rechtsanwalt, bevollmächtigt, sollte eine Kontrolle durch einen sogenannten **Kontrollbevollmächtigten** eingebaut werden. Der hat dann das Recht und die Pflicht, die Tätigkeit des Bevollmächtigten in regelmäßigen Abständen und in dem vom Vollmachtgeber vorgegebenen Umfang zu kontrollieren.

Jeder Betreuer muss **Rechenschaft** ablegen. Das gilt auch für Ehepartner, Kinder und andere Verwandte. Wird beispielsweise der Ehepartner als Betreuer bestellt, dann überwacht das Amtsgericht diesen während der Dauer der Betreuung. Es prüft, ob er die ihm übertragenen Aufgaben zum Wohl und im Interesse des Patienten wahrnimmt.

Der Betreuer wird bestellt und vertritt den Betreuten rechtlich im erforderlichen Umfang. Die Bestellung eines Betreuers ist aber nachrangig und sozusagen erst die letzte Möglichkeit, die man ergreift, im Vergleich zu allen anderen Formen der Hilfe. Die Interessen eines betroffenen Patienten können genauso gut – und vielleicht besser – von z. B. Familienangehörigen, Lebenspartnern, Nachbarn, Freunden usw. wahrgenommen werden.

! Wer ein Betreuungsverfahren vermeiden will, sollte eine Person seines Vertrauens bevollmächtigen, damit kein Betreuer bestellt werden muss.

Wer im Besitz einer Vorsorgevollmacht oder einer Betreuungsverfügung ist, hat die Pflicht, diese beim Betreuungsgericht **vorzulegen**, sobald er von der Einleitung eines Betreuungsverfahrens Kenntnis erlangt (§ 1901c BGB).

4.4 Das regelt die Vorsorgevollmacht

Mit einer Vorsorgevollmacht bevollmächtigen Sie eine Person Ihres Vertrauens. Die darf dann für Sie rechtswirksam handeln, wenn Sie kein selbstbestimmtes Leben mehr führen können. Das ist auch der wesentliche Unterschied zu einer ganz normalen, allgemeinen Vollmacht.

Eine volljährige geschäftsfähige Person kann **jederzeit** eine andere Person ihres Vertrauens bevollmächtigen. Sei es zur Erledigung einzelner Rechtsgeschäfte mit einer Spezialvollmacht oder zur generellen Regelung aller Rechtsgeschäfte mit einer Generalvollmacht. Die bevollmächtigte Person ist damit **sofort und jederzeit handlungsfähig**.

Mit einer **Vorsorgevollmacht** wird der Bevollmächtigte aber nur tätig, wenn Sie **gesundheitsbedingt** nicht in der Lage sind, Ihre Angelegenheiten selbst zu regeln.

! Wenn Sie alleinstehend sind oder keine Möglichkeit sehen, eine Person mit einer Vorsorgevollmacht zu versehen, können Sie eine Betreuungsverfügung erstellen. Darin können Sie Regelungen treffen, die eine eventuell später eintretende gerichtliche Betreuung betreffen. Das Gericht wird dann Ihre Festlegungen in der Betreuungsverfügung beachten. Dazu später mehr.

Welche Angelegenheiten Ihr Vertreter für Sie regeln soll, richtet sich nach Ihrer Lebenssituation und Ihrem **Willen**. Sie können die Vollmacht **auf einzelne Rechtsgeschäfte beschränken**, wie z. B. die Verwaltung Ihres Vermögens, Ihre Vertretung gegenüber Behörden oder zum Abschluss eines Heimvertrages.

Sie können aber auch eine **umfassende Vorsorgevollmacht** erteilen, die neben der generellen Vertretung bei Rechtsgeschäften durch Generalvollmacht auch die Vertretung in persönlichen Angelegenheiten wie der Gesundheitssorge und der Aufenthaltsbestimmung (Personensorge) zulässt.

! Haben Sie auch eine Patientenverfügung errichtet, dann muss Ihr Bevollmächtigter dafür sorgen, dass Ihr Wille aus der Patientenverfügung berücksichtigt wird.

4.5 So erteilen Sie Vollmacht

Jeder volljährige und geschäftsfähige Mensch kann eine Vorsorgevollmacht erstellen.

Die Geschäftsfähigkeit muss (noch) **sicher** vorliegen. Deshalb sollte man eine solche Vollmacht nicht auf die lange Bank schieben. Wer geschäftsunfähig ist, weil z. B. eine Demenz eingetreten ist, kann eine derartige Erklärung nicht abgeben. Zum Zeitpunkt der Vollmachtserteilung darf deshalb **kein Zweifel an der Geschäftsfähigkeit** des Vollmachtgebers bestehen.

! Räumen Sie auch spätere Zweifel aus: Lassen Sie eine oder mehrere Personen wie z. B. Ihren Hausarzt auf der Vollmacht **bezeugen**, dass Sie zum Zeitpunkt der Erteilung der Vollmacht im Vollbesitz Ihrer geistigen Kräfte waren und die Vollmacht in Gegenwart dieser Zeugen unterschrieben haben. Damit beugen Sie eventuellen späteren Zweifeln von Behörden, Gerichten, Ärzten usw. vor.

Sie können auch einen **Ersatzbevollmächtigten** benennen für den Fall, dass der Bevollmächtigte stirbt oder selbst geschäftsunfähig wird.

Außerdem können Sie **Untervollmacht** zulassen. Das ist dann der Fall, wenn Sie Ihrem Bevollmächtigten das Recht einräumen, für einzelne Angelegenheiten andere Personen zu bevollmächtigen. Bedenken Sie hierbei, dass ein Bevollmächtigter dann auch Personen einbeziehen kann, denen Sie selbst womöglich nicht das absolute Vertrauen schenken würden. Ob ein Bevollmächtigter das überhaupt darf, sollte also in der Vorsorgevollmacht festgelegt werden.

Eine Vollmacht ist grundsätzlich mit der **Unterschrift** des Vollmachtgebers gültig und wirksam.

Die Vollmacht bedarf grundsätzlich keiner besonderen Form durch Beglaubigung oder Beurkundung.

Es gibt jedoch Fälle, in denen eine **Beurkundung oder Beglaubigung der Vollmacht erforderlich** ist. Angenommen, Sie geben Ihrer Tochter eine Vorsorgevollmacht. Für den Fall der Fälle ahnen Sie, dass eine Immobilie verkauft werden muss, damit Ihre Versorgung gewährleistet ist. Damit Ihre Tochter dann auch die Immobilie veräußern kann, müssen Sie Ihre Vollmachtsurkunde beim Notar beglaubigen lassen.

! Auch **Geldinstitute** sind in diesem Bereich sehr kritisch. Die meisten akzeptieren Vollmachten nur auf ihren eigenen Vollmachtsformularen. Wenn eine Vorsorgevollmacht vorgelegt wird, dann wird in der Regel zumindest verlangt, dass diese notariell beglaubigt ist. Ansonsten fühlt sich die Bank nicht verpflichtet, diese Vorsorgevollmacht zu berücksichtigen.

Wollen Sie die Person Ihres Vertrauens mit der Wahrnehmung Ihrer Bankangelegenheiten bevollmächtigen, ist es ratsam, diese Vollmacht auch gesondert **auf dem von den Banken und Sparkassen angebotenen Vordruck** zu erteilen. In dieser Vollmacht sind die im Zusammenhang mit Ihrem Konto oder Depot wichtigen Bankgeschäfte im Einzelnen erfasst. Zu Ihrer eigenen Sicherheit sollten Sie die Vollmacht in Ihrer Bank in Anwesenheit eines Bankmitarbeiters erteilen.

4.6 So lange wirkt Ihre Vorsorgevollmacht

Sie können die Vollmacht **jederzeit widerrufen.** Hierzu müssen Sie das ausgehändigte Formular wieder zurückverlangen und am besten vernichten. Die Vollmacht wird erst dann wirksam, wenn der Bevollmächtigte von ihr weiß und auch ihren Inhalt kennt.

Soll der Bevollmächtigte die Vorsorgevollmacht nutzen, dann dient sie ihm quasi als eine Art Ausweis. Mit dem Original oder einer notariellen Ausfertigung der Vollmacht legitimiert sich der Bevollmächtigte beispielsweise bei einem Arzt oder bei Behörden.

! Eine Vollmacht, die zur Vertretung in Vermögensangelegenheiten befugt, sollte **in keinem Fall Zweifel** am Eintritt ihrer Wirksamkeit zulassen. Sie sollten daher einleitend nicht etwa schreiben: »Für den Fall, dass ich selbst einmal nicht mehr handeln kann, soll an meiner Stelle ...« usw. Damit bliebe nämlich für den Rechtsverkehr ungeklärt, ob diese Voraussetzung wirklich eingetreten ist. Es wäre auch unzweckmäßig, die Gültigkeit der Vollmacht etwa von ärztlichen Zeugnissen über Ihren Gesundheitszustand abhängig zu machen. Dies würde wiederum Fragen aufwerfen, z. B., wie aktuell diese Bescheinigungen jeweils sein müssen. Eine Vollmacht zur Vorsorge ist nur dann uneingeschränkt brauchbar, wenn sie an keine Bedingungen geknüpft ist.

Eine Vollmacht setzt ein besonderes **Vertrauensverhältnis** zwischen dem Vollmachtgeber und seinem Bevollmächtigten voraus. Zwischen Vollmachtgeber und Bevollmächtigtem kann in einer gesonderten Vereinbarung vereinbart werden, dass die Vollmacht z. B. nur bei Eintritt der Geschäftsunfähigkeit verwendet werden darf. Hier kann auch vereinbart werden, ob der Bevollmächtigte Geld für seine Tätigkeit bekommt.

Die Vollmacht bleibt wirksam, auch wenn der Vollmachtgeber geschäftsunfähig wird. Ab diesem Moment kann er sie aber nicht mehr selbst widerrufen. Dies kann er nur, solange er geschäftsfähig ist. Durch die Vorsorgevollmacht bleibt der Bevollmächtigte auch über den Tod des Vollmachtgebers hinaus weiter handlungsfähig.

! Soll die Vollmacht mit dem Tode enden, müssen Sie dies in der Vollmacht festlegen.

4.7 So bewahren Sie die Vorsorgevollmacht auf

Die Vollmacht sollten Sie zu Hause bei den anderen Unterlagen, Übersichten etc. aufbewahren.

Sie können die Vorsorgevollmacht auch beim Zentralen Vorsorgeregister der Bundesnotarkammer **registrieren** lassen:

Bundesnotarkammer
Zentrales Vorsorgeregister
Postfach 080151
10001 Berlin

www.vorsorgeregister.de.

Dann ist auf jeden Fall sichergestellt, dass ein Gericht von der Vollmacht Kenntnis bekommt, wenn es zu prüfen hätte, ob für Sie eine Betreuung eingerichtet werden soll. Allerdings werden hier nur Ihre Adresse als Vollmachtgeber und die Adresse des Bevollmächtigten registriert. Die **Vollmacht selber kann nicht hinterlegt werden**.

Die Vollmacht sollte zu Ihrer Sicherheit so erteilt werden, dass sie nur wirksam ist, solange der Bevollmächtigte die **Vollmachtsurkunde besitzt** und sofern er bei Vornahme eines Rechtsgeschäfts für Sie dem Geschäftspartner die Urkunde im Original vorlegen kann. So stellen Sie sicher, dass er nur handeln kann, wenn er die Vollmacht **im Original vorweisen** kann. Sie sollten also dafür sorgen, dass Ihr Bevollmächtigter die Vollmacht auch zur Hand hat, wenn sie benötigt wird. Sie können wie folgt vorgehen:

- Sie verwahren die Vollmacht so, dass Ihr Bevollmächtigter im Ernstfall leicht an die Vollmacht kommt. Die Vollmacht könnte also an einem gut zugänglichen Ort wie etwa in Ihrer Schreibtischschublade aufbewahrt werden.
- Sie können aber auch Ihrem Bevollmächtigten das Original der Vollmacht gleich nach dem Verfassen überreichen.
- Oder Sie übergeben die Vollmacht einer anderen Vertrauensperson zur treuhänderischen Verwahrung. Erst im Ernstfall händigt dann diese Person Ihrem Bevollmächtigten die Vollmacht aus.

4.8 Schritt für Schritt zur Vorsorgevollmacht

1) Suche nach einer oder mehreren Vertrauenspersonen
2) Gespräche, ob Bereitschaft besteht, diese Aufgabe zu übernehmen, eventuell auch in wechselseitigem Interesse unter guten Freunden
3) Sammlung von Inhalten, die geregelt werden sollen
4) Textentwurf für Vertrag (mit dem oder den Bevollmächtigten) und Vorsorgevollmacht (Vollmacht, gegenüber Dritten zu handeln)
5) Einverständnis der Bevollmächtigten zu den Texten
6) Prüfung und Optimierung der Entwürfe durch Juristen
7) Reinfassung, Unterschrift
8) Aufbewahrung, Übergabe, Registrierung

5 Die Betreuungsverfügung – Keine Entmündigung, sondern sinnvolle Vorsorge

Was bedeutet eigentlich »Betreuung«? Oft wird dieser Begriff verwendet, und man hat noch eine längst reformierte Regelung vor Augen: Entmündigung und Zwangspflegschaft. Unter Betreuung versteht man heute aber etwas anderes: Wer einen Betreuer braucht, weil er bestimmte Angelegenheiten ganz oder teilweise nicht mehr erledigen kann, bekommt einen Betreuer als **gesetzlichen Vertreter**. Dies gilt auch dann, wenn der Betreute geschäftsfähig ist.

Die Betreuung hat keine automatischen Auswirkungen auf die Geschäftsfähigkeit. Auch Betreute können Kaufverträge abschließen, ein Testament errichten und ihr Vermögen verwalten. Nur wenn jemand sich selbst oder sein Vermögen erheblich gefährdet, wird das Gericht einen Einwilligungsvorbehalt anordnen. Dann kann der Betreute nur mit Einwilligung seines Betreuers rechtswirksame Willenserklärungen abgeben.

Wichtig: Auf die Eheschließung, auf ein Testament usw. kann sich ein Einwilligungsvorbehalt nie beziehen. Ein Betreuer kann also nicht durch seine Einwilligung steuern, wen der Betreute heiratet oder wen er als Erben einsetzt.

5.1 Die Betreuung erfolgt nur im Notfall

In der Vorsorgevollmacht wird eine andere Person ausdrücklich dazu ermächtigt, den Vollmachtgeber rechtlich zu vertreten. Es gibt aber Fälle, in denen sich keine geeignete Person für eine solche Vollmacht findet.

Sollte es dann aber dazu kommen, dass sich jemand nicht mehr selbst helfen kann, muss vom Gericht eine Betreuung eingerichtet werden. Um zu vermeiden, dass dann eine ganz fremde Person als Betreuer bestellt wird, können Sie eine Betreuungsverfügung verfassen. In der können Sie mögliche als Betreuer infrage kommende Personen nennen. In der Verfügung können auch **Wünsche** hinterlegt werden, die der Betreuer erfüllen soll, z.B. regelmäßige Gottesdienstbesuche, bestimmte Speisen und Getränke, die Auswahl eines bestimmten Heims usw.

Ein Betreuer darf nur die Aufgaben übernehmen, für die der Betreute auch tatsächlich Unterstützung braucht.

Nach sieben Jahren spätestens wird überprüft, ob die Betreuung verlängert werden muss oder aufgehoben werden kann. Wo die Unterstützung durch den Ehegatten, Verwandte, Nachbarn, kirchliche oder soziale Einrichtungen ausreicht, ist die Betreuung nicht erforderlich.

5.2 Legen Sie Ihre Wünsche rechtzeitig fest

Wenn man einen Betreuer benötigt, dann bestellt das Gericht eine Person zum Betreuer, die dafür geeignet ist. Sie muss etwa bei Vermögensangelegenheiten über die entsprechende Erfahrung verfügen. Wird in einem anderen Bereich, z. B. bei der Gesundheitsfürsorge oder Unterbringung, ein Betreuer benötigt, kann das Gericht hierfür eine zweite Person bestellen.

Wünsche des Betroffenen für die Betreuerbestellung sind **verbindlich**, wenn die von ihm vorgeschlagene Person bereit und in der Lage ist, die Betreuung zu übernehmen. Wer also im Rahmen einer Betreuungsverfügung festlegt, dass beispielsweise der Ehepartner oder die Kinder die Betreuung übernehmen sollen, dem wird das Gericht in aller Regel keine Steine in den Weg legen. Lehnt der Betroffene eine bestimmte Person als Betreuer ab, wird das Gericht auch darauf Rücksicht nehmen.

Für einen eventuell später eintretenden Betreuungsfall legen Sie z. B. fest, wer Ihr Betreuer werden soll. Meistens werden dafür Ehepartner oder Verwandte in Erwägung gezogen. Aber bedenken Sie eines: Ihr Wunschkandidat könnte aus Altersgründen vielleicht im späteren Ernstfall nicht mehr in der Lage sein, diese Aufgabe zu übernehmen. Vorsorglich sollten Sie deshalb auch eine **weitere Person** benennen, die an die Stelle des Ehepartners treten kann und jünger ist.

In der Betreuungsverfügung können Sie auch Anordnungen für die **Lebensführung und Vermögensverwaltung** treffen: Wie lange will ich in der eigenen Wohnung bleiben? Will ich in einem bestimmten Altenheim leben? Will ich mit meinem Vermögen sparsam umgehen? Sollen Geschenke an Kinder und Enkel erfolgen und ggf. in welcher Größenordnung?

Eine Betreuungsverfügung ist **nicht an eine bestimmte Form gebunden**. Sie braucht zum Beispiel nicht – wie ein Testament – handschriftlich verfasst zu werden.

! Verfassen Sie Ihre Betreuungsverfügung **schriftlich und unterschreiben Sie** diese. Nur so ist Ihr Wille sicher bewiesen und am Beweiswert Ihrer Verfügung kann es keinen Zweifel mehr geben.

Wer ein solches Schriftstück z. B. in der Schreibtischschublade des betroffenen Ehegatten findet, der muss es **sofort an das Betreuungsgericht übergeben**, nachdem er von der Einleitung eines Betreuungsverfahrens Kenntnis erlangt hat.

Ihre Betreuungsverfügung lassen Sie beim Zentralen Vorsorgeregister der Bundesnotarkammer registrieren. Diese Registrierung empfiehlt sich, weil das Gericht im Bedarfsfall Kenntnis von der Verfügung erlangt.

Bundesnotarkammer
Zentrales Vorsorgeregister
Postfach 080151
10001 Berlin

www.vorsorgeregister.de

! Bewahren Sie die Betreuungsverfügung so auf, dass sie im Fall der Fälle auch gefunden wird. Eine Möglichkeit wäre, an einer zentralen Stelle in der Wohnung, z.B. beim Telefon oder im Garderobenbereich, eine Karte zu hinterlegen, die die wichtigsten persönlichen Angaben und den Hinweis, dass eine Betreuungsverfügung existiert und wo diese hinterlegt ist, enthält.

6 Betreuungsverfügung oder Vorsorgevollmacht?

Ein Besser oder Schlechter gibt es für diese Frage nicht. Kennen Sie jemanden, dem Sie vollumfassend vertrauen, und ist derjenige bereit, eine Vorsorgevollmacht für Sie in Ihrem Sinne auszuüben? In diesem Fall dürfte die Vorsorgevollmacht das richtige Instrument sein. Bis auf wenige Ausnahmefälle braucht der Bevollmächtigte für seine Entscheidungen keine gerichtlichen Genehmigungen. Sie vermeiden damit, dass im Wege eines Gerichtsverfahrens ein Betreuer für Sie bestellt wird.

Der Bevollmächtigte wird – anders als der Betreuer – auch **nicht vom Betreuungsgericht kontrolliert**. Nur wenn das Betreuungsgericht besondere Vorkommnisse feststellt und z. B. bemerkt, dass Ihr Bevollmächtigter sich nicht an Ihre Vorgaben hält, wird für den Bevollmächtigten eine Kontrollperson bestellt.

Die **Kontrollperson** überwacht Ihren Betreuer und prüft, ob die Vollmacht missbräuchlich eingesetzt wird. Sollte das der Fall sein, wird man Ihrem Bevollmächtigten die Vollmacht entziehen.

Ist Ihnen bei dem Gedanken an eine Vorsorgevollmacht »nicht wohl«, weil Sie sich niemanden vorstellen können, dem Sie ausreichend vertrauen, dann sollten Sie eine **Betreuungsverfügung** errichten. Damit bringen Sie zum Ausdruck, dass Sie einen Betreuer für den Bedarfsfall haben wollen, und nehmen über die Verfügung aus »guten Tagen« entsprechend Einfluss auf dessen Auswahl und dessen späteres Handeln für Sie.

7 General- oder Einzelvollmacht?

Eine Generalvollmacht kann »zur Vertretung in allen Angelegenheiten« ermächtigen. Aber mit einer Generalvollmacht sind nicht alle bedeutenden Fälle abgedeckt. Das Gesetz verlangt in einigen Fällen, dass eine schriftliche Vollmacht bestimmte Befugnisse ausdrücklich bezeichnet.

Eine »Generalvollmacht« genügt für die folgenden Fälle also **nicht** aus:

- Der Generalbevollmächtigte kann nicht an Ihrer Stelle einer ärztlichen Untersuchung, einer Heilbehandlung oder einem medizinischen Eingriff zustimmen, wenn hierbei Lebensgefahr besteht.
- Er kann auch nicht der Unterlassung oder Beendigung lebensverlängernder Maßnahmen zustimmen.
- Der Generalbevollmächtigte kann auch nicht zu Ihrem Schutz in eine notwendige geschlossene Unterbringung oder in eine andere freiheitsbeschränkende Maßnahme (z. B. ein Bettgitter) einwilligen.
- Er kann auch nicht an Ihrer Stelle in eine Organspende einwilligen.

Es empfiehlt sich also, eine Vollmacht wie die Vorsorgevollmacht auszugestalten und genauer zu bezeichnen, wozu sie im Einzelnen ermächtigen soll. Man kann auch die Vollmacht nur auf **bestimmte Aufgabengebiete** beschränken, z. B. nur auf den Gesundheitsbereich. Dies bedeutet aber, dass im Ernstfall für die anderen Aufgaben womöglich ein Betreuer bestellt werden muss.

Formulare

Notizen

Entbindung von der ärztlichen Schweigepflicht

Geben Sie bei Bedarf das von Ihnen ausgefüllte und unterschriebene Orginal an die behandelnden Ärzte weiter.

Entbindung von der ärztlichen Schweigepflicht erteilt am ______________________

Hiermit entbinde ich

Name ______________________

Anschrift ______________________

die mich behandelnden Ärzte von ihrer ärztlichen Schweigepflicht und bitte sie sowie die betreffenden Einrichtungen, nachfolgenden Personen Informationen über meinen Gesundheitszustand zu geben und auf Wunsch Einblick in die Krankenakten zu gewähren.

Name ______________________

Anschrift ______________________

Name ______________________

Anschrift ______________________

Ort, Datum ______________________ Unterschrift ______________________

Notizen

Patientenverfügung[43/1]

Ich,

Name, Vorname, ggf. Geburtsname ______________________________

____

geboren am ______________________________

wohnhaft in: ______________________________

bestimme hiermit für den Fall, dass ich meinen Willen nicht mehr bilden oder verständlich äußern kann, Folgendes:

Situationen, für die die Verfügung gelten soll

Wenn ich

- ☐ mich aller Wahrscheinlichkeit nach unabwendbar im unmittelbaren Sterbeprozess befinde,

- ☐ mich im Endstadium einer unheilbaren, tödlich verlaufenden Krankheit befinde, selbst wenn der Todeszeitpunkt noch nicht absehbar ist,

- ☐ infolge einer Gehirnschädigung meine Fähigkeit, Einsichten zu gewinnen, Entscheidungen zu treffen und mit anderen Menschen in Kontakt zu treten, nach Einschätzung zweier erfahrener Ärztinnen oder Ärzte aller Wahrscheinlichkeit nach unwiederbringlich verloren habe, selbst wenn der Todeszeitpunkt noch nicht absehbar ist. Dies gilt für direkte Gehirnschädigung z. B. durch Unfall, Schlaganfall oder Entzündung ebenso wie für indirekte Gehirnschädigung z. B. nach Wiederbelebung, Schock oder Lungenversagen. Es ist mir bewusst, dass in solchen Situationen die Fähigkeit zu Empfindungen erhalten sein kann und dass ein Aufwachen aus diesem Zustand nicht ganz sicher auszuschließen, aber unwahrscheinlich ist,[43/2]

- ☐ infolge eines weit fortgeschrittenen Hirnabbauprozesses (z. B. bei Demenzerkrankung) auch mit ausdauernder Hilfestellung nicht mehr in der Lage bin, Nahrung und Flüssigkeit auf natürliche Weise zu mir zu nehmen,[43/3]

- ☐ Vergleichbare, hier nicht ausdrücklich erwähnte Krankheitszustände sollen entsprechend beurteilt werden.

Patientenverfügung

dann wünsche ich, dass folgende Festlegungen zu Einleitung, Umfang oder Beendigung bestimmter ärztlicher Maßnahmen unbedingt beachtet werden:

Lebenserhaltende Maßnahmen[44/4]

In den oben beschriebenen Situationen wünsche ich,

☐ dass alles medizinisch Mögliche getan wird, um mich am Leben zu erhalten und meine Beschwerden zu lindern.

☐ auch fremde Gewebe und Organe zu erhalten, wenn dadurch mein Leben verlängert werden könnte.

ODER

☐ dass alle lebenserhaltenden Maßnahmen unterlassen werden. Hunger und Durst sollen auf natürliche Weise gestillt werden, gegebenenfalls mit einer Hilfe bei der Nahrungs- und Flüssigkeitsaufnahme. Ich wünsche fachgerechte Pflege von Mund und Schleimhäuten sowie menschenwürdige Unterbringung, Zuwendung, Körperpflege und das Lindern von Schmerzen, Atemnot, Übelkeit, Angst, Unruhe und anderer belastender Symptome.

Schmerz- und Symptombehandlung[44/5]

In den oben beschriebenen Situationen wünsche ich eine fachgerechte Schmerz- und Symptombehandlung,

☐ aber keine bewusstseinsdämpfenden Mittel zur Schmerz- und Symptombehandlung.

ODER

☐ wenn alle sonstigen medizinischen Möglichkeiten zur Schmerz- und Symptomkontrolle versagen, auch bewusstseinsdämpfende Mittel zur Beschwerdelinderung.

☐ die unwahrscheinliche Möglichkeit einer ungewollten Verkürzung meiner Lebenszeit durch schmerz- und symptomlindernde Maßnahmen nehme ich in Kauf.

Künstliche Ernährung[44/6]

In den oben beschriebenen Situationen wünsche ich,

☐ dass eine künstliche Ernährung begonnen oder weitergeführt wird.

ODER

☑ dass keine künstliche Ernährung – unabhängig von der Form der künstlichen Zuführung der Nahrung (z. B. Magensonde durch Mund, Nase oder Bauchdecke, venöse Zugänge) – erfolgt.

Patientenverfügung

Künstliche Flüssigkeitszufuhr[45/7]

In den oben beschriebenen Situationen wünsche ich

☐ eine künstliche Flüssigkeitszufuhr.

ODER

☐ die Reduzierung künstlicher Flüssigkeitszufuhr nach ärztlichem Ermessen.

ODER

☐ die Unterlassung jeglicher künstlicher Flüssigkeitszufuhr.

Wiederbelebung[45/8]

In den oben beschriebenen Situationen wünsche ich

☐ in jedem Fall Versuche der Wiederbelebung.

ODER

☐ die Unterlassung von Versuchen zur Wiederbelebung.

☐ dass der Notarzt nicht verständigt wird bzw. dass ein ggf. hinzugezogener Notarzt unverzüglich über meine Ablehnung von Wiederbelebungsmaßnahmen informiert wird.

Nicht nur in den oben beschriebenen Situationen, sondern in allen Fällen eines Kreislaufstillstandes oder Atemversagens

☐ lehne ich Wiederbelebungsmaßnahmen ab.

ODER

☐ lehne ich Wiederbelebungsmaßnahmen ab, sofern diese Situationen nicht im Rahmen medizinischer Maßnahmen unerwartet eintreten.

Künstliche Beatmung[45/9]

In den oben beschriebenen Situationen wünsche ich

☐ eine künstliche Beatmung, falls dies mein Leben verlängern kann.

ODER

☐ keine künstliche Beatmung bzw. die Einstellung einer schon eingeleiteten Beatmung unter der Voraussetzung, dass ich Medikamente zur Linderung der Luftnot erhalte. Die Möglichkeit einer Bewusstseinsdämpfung oder einer ungewollten Verkürzung meiner Lebenszeit durch diese Medikamente nehme ich in Kauf.

Patientenverfügung

Dialyse

In den oben beschriebenen Situationen wünsche ich

☐ eine künstliche Blutwäsche (Dialyse), falls dies mein Leben verlängern kann.

ODER

☐ dass keine Dialyse durchgeführt bzw. eine schon eingeleitete Dialyse eingestellt wird.

Antibiotika

In den oben beschriebenen Situationen wünsche ich

☐ Antibiotika, falls dies mein Leben verlängern kann.

ODER

☐ Antibiotika nur zur Linderung meiner Beschwerden.

Blut/Blutbestandteile

In den oben beschriebenen Situationen wünsche ich

☐ die Zuführung von Blut oder Blutbestandteilen, falls dies mein Leben verlängern kann.

ODER

☐ die Zuführung von Blut oder Blutbestandteilen nur zur Linderung meiner Beschwerden.

Organspende

☐ Ich stimme einer Entnahme meiner Organe nach meinem Tod zu Transplantationszwecken zu. Komme ich nach ärztlicher Beurteilung bei einem sich abzeichnenden Hirntod als Organspender in Betracht und müssen dafür ärztliche Maßnahmen durchgeführt werden, die ich in meiner Patientenverfügung ausgeschlossen habe, dann

- ☐ geht die von mir erklärte Bereitschaft zur Organspende vor.
- ☐ gehen die Bestimmungen in meiner Patientenverfügung vor.

☐ Ich habe einen Organspendeausweis ausgefüllt.

ODER

☐ Ich lehne eine Entnahme meiner Organe nach meinem Tod zu Transplantationszwecken ab.

Patientenverfügung

Ort der Behandlung, Beistand

Ich möchte

- ☐ zum Sterben ins Krankenhaus verlegt werden.

ODER

- ☐ wenn irgend möglich zu Hause bzw. in vertrauter Umgebung sterben.

ODER

- ☐ wenn möglich in einem Hospiz sterben.

Ich möchte

- ☐ Beistand durch folgende Personen:

____

____

- ☐ Beistand durch eine Vertreterin oder einen Vertreter folgender Kirche oder Weltanschauungsgemeinschaft:

____

____

- ☐ hospizlichen Beistand.

Aussagen zur Verbindlichkeit, zur Auslegung und Durchsetzung und zum Widerruf der Patientenverfügung

- ☐ Ich erwarte, dass der in meiner Patientenverfügung geäußerte Wille zu bestimmten ärztlichen und pflegerischen Maßnahmen von den behandelnden Ärztinnen und Ärzten und dem Behandlungsteam befolgt wird. Mein(e) Vertreter(in) – z. B. Bevollmächtigte(r)/Betreuer(in) – soll dafür Sorge tragen, dass mein Wille durchgesetzt wird.

- ☐ Sollte eine Ärztin oder ein Arzt oder das Behandlungsteam nicht bereit sein, meinen in dieser Patientenverfügung geäußerten Willen zu befolgen, erwarte ich, dass für eine anderweitige medizinische und/oder pflegerische Behandlung gesorgt wird. Von meiner Vertreterin/meinem Vertreter (z. B. Bevollmächtigte(r)/Betreuer(in)) erwarte ich, dass meinem Willen entsprochen wird.

Patientenverfügung

☐ In Lebens- und Behandlungsituationen, die in dieser Patientenverfügung nicht konkret geregelt sind, ist mein mutmaßlicher Wille möglichst im Konsens aller Beteiligten zu ermitteln. Dafür soll diese Patientenverfügung als Richtschnur maßgeblich sein. Bei unterschiedlichen Meinungen über anzuwendende oder zu unterlassende ärztliche/pflegerische Maßnahmen soll der Auffassung folgender Person besondere Bedeutung zukommen:

☐ meiner/meinem Bevollmächtigten.

☐ meiner Betreuerin/meinem Betreuer.

☐ der behandelnden Ärztin oder dem behandelnden Arzt.

☐ andere Person: ________________________________

☐ Wenn ich meine Patientenverfügung nicht widerrufen habe, wünsche ich nicht, dass mir in der konkreten Anwendungssituation eine Änderung meines Willens unterstellt wird. Wenn aber die behandelnden Ärztinnen und Ärzte/das Behandlungsteam/mein(e) Bevollmächtigte(r)/Betreuer(in) aufgrund meiner Gesten, Blicke oder anderer Äußerungen die Auffassung vertreten, dass ich entgegen den Festlegungen in meiner Patientenverfügung doch behandelt oder nicht behandelt werden möchte, dann ist möglichst im Konsens aller Beteiligten zu ermitteln, ob die Festlegungen in meiner Patientenverfügung noch meinem aktuellen Willen entsprechen. Bei unterschiedlichen Meinungen soll in diesen Fällen der Auffassung folgender Person besondere Bedeutung zukommen:

☐ meiner/meinem Bevollmächtigten.

☐ meiner Betreuerin/meinem Betreuer.

☐ der behandelnden Ärztin/dem behandelnden Arzt.

☐ andere Person: ________________________________

Hinweise auf weitere Vorsorgeverfügungen

☐ Ich habe zusätzlich zur Patientenverfügung eine Vorsorgevollmacht für Gesundheitsangelegenheiten erteilt und den Inhalt dieser Patientenverfügung mit der von mir bevollmächtigten Person besprochen:

Bevollmächtigte(r)

Name: ________________________________

Anschrift: ________________________________

____

Telefon: ________________ Telefax: ________________

Patientenverfügung

☐ Ich habe eine Betreuungsverfügung zur Auswahl des Betreuers gestellt (ggf.: und den Inhalt dieser Patientenverfügung mit der/dem von mir gewünschten Betreuerin/Betreuer besprochen).

Gewünschte(r) Betreuerin/Betreuer

Name: ______________________________

Anschrift: ______________________________

____

Telefon: ______________ Telefax: ______________

Hinweis auf beigefügte Erläuterungen zur Patientenverfügung

Als Interpretationshilfe zu meiner Patientenverfügung habe ich beigelegt:

☐ Darstellung meiner eigenen Wertvorstellungen:[49/10]

____

____

Schlussformel

☐ Soweit ich bestimmte Behandlungen wünsche oder ablehne, verzichte ich ausdrücklich auf eine (weitere) ärztliche Aufklärung.

Schlussbemerkungen

☐ Mir ist die Möglichkeit der Änderung und des Widerrufs einer Patientenverfügung bekannt.

☐ Ich bin mir des Inhalts und der Konsequenzen meiner darin getroffenen Entscheidungen bewusst.

☐ Ich habe die Patientenverfügung in eigener Verantwortung und ohne äußeren Druck erstellt.

☐ Ich bin im Vollbesitz meiner geistigen Kräfte.

Patientenverfügung

Information/Beratung

☐ Ich habe mich vor der Erstellung dieser Patientenverfügung informiert bei/durch[50/11]

____

und beraten lassen durch ____

Ärztliche Aufklärung[50/12]

Bestätigung der Einwilligungsfähigkeit

Herr/Frau _______________________ wurde von mir am _______________________

bezüglich der möglichen Folgen dieser Patientenverfügung aufgeklärt.

Er/Sie war in vollem Umfang einwilligungsfähig.

Datum _______________________ Unterschrift, Stempel der Ärztin/des Arztes _______________________

Gültigkeit/Unterschrift

☐ Diese Patientenverfügung gilt so lange, bis ich sie widerrufe.

ODER

☐ Diese Patientenverfügung soll nach Ablauf von (Zeitangabe) _______________ ihre Gültigkeit verlieren, es sei denn, dass ich sie durch meine Unterschrift erneut bekräftige.

Datum _______________________ Unterschrift _______________________

Aktualisierung

☐ Um meinen in der Patientenverfügung niedergelegten Willen zu bekräftigen, bestätige ich diesen nachstehend

☐ in vollem Umfang ☐ mit folgenden Änderungen:

____

____

Datum _______________________ Unterschrift _______________________

Vorsorgevollmacht

Ich,

Name, Vorname, ggf. Geburtsname

Geburtsdatum, Geburtsort

Adresse

Telefon: Fax:

erteile hiermit Vollmacht an

Name, Vorname, ggf. Geburtsname

Geburtsdatum, Geburtsort

Adresse

Telefon: Fax:

Diese Vertrauensperson wird hiermit bevollmächtigt, mich in allen Angelegenheiten zu vertreten, die ich im Folgenden angekreuzt oder angegeben habe. Durch diese Vollmachtserteilung soll eine vom Gericht angeordnete Betreuung vermieden werden. Die Vollmacht bleibt daher in Kraft, wenn ich nach ihrer Errichtung geschäftsunfähig geworden sein sollte.

Die Vollmacht ist nur wirksam, solange die bevollmächtigte Person die Vollmachtsurkunde besitzt und bei Vornahme eines Rechtsgeschäfts die Urkunde im Original vorlegen kann.

Vorsorgevollmacht

Gesundheitssorge/Pflegebedürftigkeit

☐ Sie darf in allen Angelegenheiten der Gesundheitssorge entscheiden, ebenso über alle Einzelheiten einer ambulanten oder (teil-)stationären Pflege. Sie ist befugt, meinen in einer Patientenverfügung festgelegten Willen durchzusetzen. ☐ JA ☐ NEIN

☐ Sie darf insbesondere in sämtliche Maßnahmen zur Untersuchung des Gesundheitszustandes und in Heilbehandlungen einwilligen, auch wenn diese mit Lebensgefahr verbunden sein könnten oder ich einen schweren oder länger dauernden gesundheitlichen Schaden erleiden könnte (§ 1904 Abs. 1 BGB). Sie darf die Einwilligung zum Unterlassen oder Beenden lebensverlängernder Maßnahmen erteilen.[52/13] ☐ JA ☐ NEIN

☐ Sie darf Krankenunterlagen einsehen und deren Herausgabe an Dritte bewilligen. Ich entbinde alle mich behandelnden Ärzte und nichtärztliches Personal gegenüber meiner bevollmächtigten Vertrauensperson von der Schweigepflicht. ☐ JA ☐ NEIN

☐ Sie darf über meine Unterbringung mit freiheitsentziehender Wirkung (§ 1906 Abs. 1 BGB) und über freiheitsentziehende Maßnahmen (z. B. Bettgitter, Medikamente u. Ä.) in einem Heim oder in einer sonstigen Einrichtung (§ 1906 Abs. 4 BGB) entscheiden, solange dergleichen zu meinem Wohle erforderlich ist.[52/14] ☐ JA ☐ NEIN

Aufenthalt und Wohnungsangelegenheiten

☐ Sie darf meinen Aufenthalt bestimmen und Rechte und Pflichten aus dem Mietvertrag über meine Wohnung einschließlich einer Kündigung wahrnehmen sowie meinen Haushalt auflösen. ☐ JA ☐ NEIN

☐ Sie darf einen Heimvertrag abschließen. ☐ JA ☐ NEIN

☐ Sie darf einen neuen Wohnraummietvertrag abschließen und kündigen. ☐ JA ☐ NEIN

Behörden

☐ Sie darf mich bei Behörden, Versicherungen, Renten- und Sozialleistungsträgern vertreten. ☐ JA ☐ NEIN

Vorsorgevollmacht

Vermögenssorge

☐ Sie darf mein Vermögen verwalten und hierbei alle Rechtshandlungen und Rechtsgeschäfte im In- und Ausland vornehmen, Erklärungen aller Art abgeben und entgegennehmen, sowie Anträge stellen, abändern, zurücknehmen,

namentlich:

☐ über Vermögensgegenstände jeder Art verfügen

☐ Zahlungen und Wertgegenstände annehmen

☐ Verbindlichkeiten eingehen

☐ Willenserklärungen bezüglich meiner Konten, Depots und Safes abgeben. Sie darf mich im Geschäftsverkehr mit Kreditinstituten vertreten[53/15]

☐ Schenkungen in dem Rahmen vornehmen, der einem Betreuer rechtlich gestattet ist.

☐ Folgende Geschäfte soll sie nicht wahrnehmen können

____

____

____

____

____

____

____

Post und Fernmeldeverkehr

☐ Sie darf die für mich bestimmte Post – auch die mit »eigenhändig« adressierte – entgegennehmen, öffnen und über den Fernmeldeverkehr entscheiden. Sie darf alle hiermit zusammenhängenden Willenserklärungen (z. B. Vertragsabschlüsse, Kündigungen) abgeben.

Vertretung vor Gericht

☐ Sie darf mich gegenüber Gerichten vertreten sowie Prozesshandlungen aller Art vornehmen.

Vorsorgevollmacht

Untervollmacht

☐ Sie darf in einzelnen Angelegenheiten Untervollmacht erteilen.[54/16]

Betreuungsverfügung

☐ Falls trotz dieser Vollmacht eine gesetzliche Vertretung (»rechtliche Betreuung«) erforderlich sein sollte, bitte ich, die oben bezeichnete Vertrauensperson als Betreuer zu bestellen.

Geltung über den Tod hinaus[54/17]

Die Vollmacht gilt über den Tod hinaus. ☐ JA ☐ NEIN

Weitere Regelungen

Ort, Datum

Unterschrift der Vollmachtgeberin/des Vollmachtgebers

Ort, Datum

Unterschrift der Vollmachtnehmerin/des Vollmachtnehmers[54/18]

Beglaubigungsvermerk[54/19]

Betreuungsverfügung

Ich,

Name, Vorname, ggf. Geburtsname

Geburtsdatum, Geburtsort

Adresse

Telefon Telefax

lege hiermit für den Fall, dass ich infolge Krankheit oder Behinderung meine Angelegenheiten ganz oder teilweise nicht mehr selbst besorgen kann und deshalb ein Betreuer für mich bestellt werden muss, Folgendes fest:

☐ Zu meiner Betreuerin/meinem Betreuer soll bestellt werden:

Name, Vorname, ggf. Geburtsname

Geburtsdatum, Geburtsort

Adresse

Telefon Telefax

☐ Falls die vorstehende Person nicht zum Betreuer oder zur Betreuerin bestellt werden kann, soll folgende Person bestellt werden:

Name, Vorname, ggf. Geburtsname

Geburtsdatum, Geburtsort

Adresse

Telefon Telefax

Betreuungsverfügung

☐ Auf keinen Fall soll zum Betreuer/zur Betreuerin bestellt werden:

Name, Vorname, ggf. Geburtsname

Geburtsdatum, Geburtsort

Adresse

☐ Zur Wahrnehmung meiner Angelegenheiten durch die Betreuerin/den Betreuer habe ich folgende Wünsche:

1. Der Betreuer soll meine Patientenverfügung, die ich beigefügt habe, beachten.
2.
3.
4.

Ort, Datum Unterschrift

Informationsvollmacht

Hiermit erteile ich

Name, Vorname, ggf. Geburtsname

Geburtsdatum, Geburtsort

Adresse

ohne Zwang und aus freiem Willen folgende Vollmacht:

Herrn/Frau

bevollmächtige ich hiermit, sämtliche Informationen, die meine Gesundheit und meinen Aufenthalt betreffen, einzuholen und dazu notwendige Erklärungen abzugeben.

Diese Vollmacht ermächtigt in allen persönlichen Gesundheitsangelegenheiten und bei der Aufenthaltsbestimmung zur Informationsbeschaffung.

Mein Bevollmächtigter darf insbesondere

- ☐ alle meine Krankenunterlagen einsehen.
- ☐ alle Auskünfte von Ärzten, Pflegepersonal, Heimen und Krankenhäusern verlangen.
- ☐ von jedem Dritten Auskünfte über mich betreffende gerichtliche Maßnahmen oder Verfahren, wie z.B. eine Betreuung, verlangen.
- ☐ jederzeit Zutritt zu mir verlangen, egal ob ich mich in meiner Wohnung oder in einem Heim oder Krankenhaus befinde.
- ☐ jederzeit Zutritt zu meiner Wohnung verlangen, auch wenn ich mich selber dort nicht befinde.
- ☐ von jedem Dritten Auskunft darüber einholen, wo ich mich befinde.
- ☐ von Beerdigungsinstituten, Gemeinde- oder Stadtverwaltungen oder kirchlichen Stellen Informationen zu meiner Bestattung erfragen.

Ich entbinde hiermit alle Ärzte und das Pflegepersonal gegenüber meinem Bevollmächtigten von der Verschwiegenheitsverpflichtung.

Informationsvollmacht

Diese Vollmacht wird mit meiner Unterschrift wirksam und soll sowohl für den Fall, dass ich geschäftsunfähig werde, als auch über meinen Tod hinaus wirksam bleiben.

Sie kann nur durch mich oder im Todesfall durch meine Erben, nicht aber durch einen anderen Bevollmächtigten jederzeit widerrufen werden.

Der Bevollmächtigte darf alle Auskünfte und Informationen nur selbst einholen. Die Erteilung einer Untervollmacht zur Informationsbeschaffung ist ausgeschlossen.

Ort, Datum ______________________________

Unterschrift ______________________________

Einzelvollmacht

Hiermit erteile ich:

Name, Vorname, ggf. Geburtsname

Geburtsdatum, Geburtsort

Adresse

ohne Zwang und aus freiem Willen folgende Vollmacht:

Herrn/Frau

Adresse

bevollmächtige ich hiermit

☐ für mich in folgender Angelegenheit tätig zu werden

☐ Der/Die Bevollmächtigte kann in Vermögensangelegenheiten Untervollmacht erteilen. Sie/Er ist in Vermögensangelegenheiten von den Beschränkungen des § 181 BGB befreit.

☐ Diese Vollmacht bleibt über den Tod hinaus wirksam.

Ort, Datum Unterschrift

Notizen

Postvollmacht[61/20]

Ich,

Name, Vorname, ggf. Geburtsname

Geburtsdatum, Geburtsort

Adresse

bevollmächtige bis zum (Datum)

Vor- und Zuname (bitte in Druckschrift)

☐ zum Empfang der für mich bestimmten Postsendungen
(inkl. Post- und Zahlungsanweisungen, ohne eigenhändig auszuhändigende Sendungen)

Ort, Datum

Unterschrift

Optional:

☐ auch zum Empfang von eigenhändig auszuhändigenden Sendungen

Ort, Datum

Unterschrift

Notizen

Krankheitsfall

Wichtige Hinweise zum Ausfüllen der Formulare

Patientenverfügung

Ergänzen und individualisieren Sie diese Patientenverfügung nach Ihren Wünschen und Vorstellungen. Achten Sie darauf, dass diese Patientenverfügung regelmäßig aktualisiert wird; das gilt vor allem dann, wenn sich an Ihren Wünschen etwas geändert hat. Sollten Sie schwer erkranken, sollten Sie die Patientenverfügung neu erstellen und sich dabei speziell aufgrund der Erkrankung von Ihrem behandelnden Arzt beraten lassen. 43/1

Dieser Punkt betrifft nur Gehirnschädigungen mit dem Verlust der Fähigkeit, Einsichten zu gewinnen, Entscheidungen zu treffen und mit anderen Menschen in Kontakt zu treten. Es handelt sich dabei häufig um Zustände von Dauerbewusstlosigkeit oder um wachkomaähnliche Krankheitsbilder, die mit einem vollständigen oder weitgehenden Ausfall der Großhirnfunktionen einhergehen. In dieser Situation ist der Patient unfähig zu bewusstem Denken, zu gezielten Bewegungen oder zu Kontaktaufnahme mit anderen Menschen, während lebenswichtige Körperfunktionen wie Atmung, Darm- oder Nierentätigkeit erhalten sind, wie auch möglicherweise die Fähigkeit zu Empfindungen. Wachkoma-Patienten sind bettlägerig, pflegebedürftig und müssen künstlich mit Nahrung und Flüssigkeit versorgt werden. In seltenen Fällen können sich auch bei Wachkoma-Patienten nach mehreren Jahren noch günstige Entwicklungen einstellen, die ein weitgehend eigenständiges Leben erlauben. Eine sichere Voraussage, ob die betroffene Person zu diesen wenigen gehören wird oder zur Mehrzahl derer, die ihr Leben lang als Pflegefall betreut werden müssen, ist bislang nicht möglich. 43/2

Dieser Punkt betrifft Gehirnschädigungen infolge eines weit fortgeschrittenen Hirnabbauprozesses, wie sie am häufigsten bei Demenzerkrankungen (z. B. Alzheimer'sche Erkrankung) eintreten. Im Verlauf der Erkrankung werden die Patienten zunehmend unfähiger, Einsichten zu gewinnen und mit ihrer Umwelt verbal zu kommunizieren, während die Fähigkeit zu Empfindungen erhalten bleibt. Im Spätstadium erkennt der Kranke selbst nahe Angehörige nicht mehr und ist schließlich auch nicht mehr in der Lage, trotz Hilfestellung Nahrung und Flüssigkeit auf natürliche Weise zu sich zu nehmen. 43/3

Dieser Punkt betrifft lebenserhaltende Maßnahmen, wie z. B. eine künstliche Ernährung, die Beatmung oder Zwangsernährung. 44/4

Beachten Sie bitte Folgendes: Eine fachgerechte lindernde Behandlung einschließlich der Gabe von Morphin wirkt in der Regel nicht lebensverkürzend. Nur in Extremsituationen kann gelegentlich die zur Symptomkontrolle notwendige Dosis von Schmerz- und Beruhigungsmitteln so hoch sein, dass eine geringe Lebenszeitverkürzung die Folge sein kann. 44/5

44/6 Das Stillen von Hunger und Durst als subjektive Empfindungen gehört zu jeder lindernden Therapie. Viele schwerkranke Menschen haben allerdings kein Hungergefühl; dies gilt praktisch ausnahmslos für Sterbende und wahrscheinlich auch für Wachkoma-Patienten.

45/7 Wissenschaftlich erwiesen ist, dass das Durstgefühl bei Schwerkranken länger als das Hungergefühl vorhanden ist. Die künstliche Gabe von Flüssigkeit (Infusionen, Sonden usw.) beeinflusst dies kaum. Viel besser kann das Durstgefühl durch Anfeuchten der Atemluft und durch fachgerechte Mundpflege gelindert werden. Die Zufuhr großer Flüssigkeitsmengen bei Sterbenden kann sogar schädlich sein, weil sie u.a. zu Atemnotzuständen infolge von Wasseransammlung in der Lunge führen kann.

45/8 Wiederbelebungsmaßnahmen sind nicht leidensmindernd, sondern dienen der Lebenserhaltung, wie z. B. die Reanimation.

45/9 Gelegentlich kann es im Rahmen von geplanten medizinischen Eingriffen (z. B. Operationen) zu kurzfristigen Problemen kommen, die sich durch Wiederbelebungsmaßnahmen ohne Folgeschäden beheben lassen.

49/10 Eine wichtige Ergänzung, Verstärkung und Erläuterung Ihrer Patientenverfügung ist eine schriftliche Stellungnahme zu Ihren eigenen Wertvorstellungen. Überdenken Sie bitte:

- Ihre Lebens- und Krankheitssituation,
- Ihre persönlichen Wertvorstellungen,
- Ihre religiöse Anschauung und
- Ihre Einstellung zum eigenen Leben und Sterben

und halten Sie diese Überlegungen anschließend schriftlich fest. Damit unterstreichen Sie die Ernsthaftigkeit und Glaubwürdigkeit Ihrer Entscheidung. Versuchen Sie mit eigenen Worten und handschriftlich zum Ausdruck zu bringen, dass Sie sich eingehend mit dem Thema »Patientenverfügung« befasst haben, den Inhalt der Muster-Formulierung verstanden haben und Ihnen die Konsequenzen Ihrer Angaben bewusst sind.

Wenn Sie sich über Ihre Behandlungswünsche Klarheit verschaffen wollen, sollten Sie Ihre Haltung zu Thesen wie den folgenden ermitteln:

- Wiederbelebung? Auf jeden Fall, auch wenn kein selbstbestimmtes Leben mehr möglich ist.
- Im Falle eines Wachkomas sollte man alles tun, weil es immer Hoffnung gibt, dass man auch nach jahrelanger Therapie in ein selbstbestimmtes Leben zurückkehren kann.

- Eine langjährige Abhängigkeit ist unvorstellbar. Dann doch lieber auf die noch bleibende Lebensmöglichkeit verzichten.
- Anderen zur Last fallen ist ein unerträglicher Gedanke.
- Am besten man regelt alles allein und lässt sich erst gar nicht helfen.
- Religion und das Leben nach dem Tod sind von großer Bedeutung.
- Lebensintensität ist wichtiger als Lebensdauer.
- Eine unterschiedliche Wertung zwischen geistiger und körperlicher Behinderung gibt es nicht.
- Wenn es einem schlecht geht, braucht man vertraute Menschen um sich. Rückzug wäre das Falsche.

Eine Beratung ist gesetzlich nicht vorgeschrieben. Ein Beratungsgespräch (z. B. bei einem Rechtsanwalt, beim Deutschen Hospiz- und Palliativ-Verband e. V., bei der Deutschen Gesellschaft für Humanes Sterben, bei einem Betreuungsverein usw.) kann aber nochmals verdeutlichen, dass Sie Ihre Wünsche ernsthaft und im Bewusstsein ihrer Bedeutung zum Ausdruck gebracht haben. 50/11

Die Einwilligungsfähigkeit kann auch durch einen Notar bestätigt werden. 50/12

Vorsorgevollmacht

In diesen Fällen hat der Bevollmächtigte eine Genehmigung des Betreuungsgerichts einzuholen, wenn nicht zwischen dem Bevollmächtigten und dem behandelnden Arzt Einvernehmen darüber besteht, dass die Erteilung, die Nichterteilung oder der Widerruf der Einwilligung dem Willen des Patienten entspricht (§ 1904 Abs. 4 und 5 BGB). Das heißt also, dass in solchen Ausnahmefällen im Streitfall zwischen Bevollmächtigtem und behandelndem Arzt das Gericht entscheidet. 52/13

In diesen Fällen, in denen dem Patienten die Freiheit entzogen wird, muss Ihr Bevollmächtigter eine Genehmigung des Betreuungsgerichts einholen (§ 1906 Abs. 2 und 5 BGB). 52/14

Für die Vermögenssorge in Bankangelegenheiten sollten Sie auf die von Ihrer Bank/Sparkasse angebotene Vollmacht zurückgreifen. Die Vollmacht sollten Sie grundsätzlich in Ihrer Bank oder Sparkasse unterzeichnen. Banken akzeptieren in aller Regel nur ihre eigenen Formulare oder verlangen zumindest eine notarielle Beurkundung. 53/15

Bedenken Sie bitte, dass im Falle von erlaubten Untervollmachten Ihr Bevollmächtigter womöglich Personen einbindet, die nicht Ihr uneingeschränktes Vertrauen haben. Andererseits kann eine Untervoll- 54/16 macht beispielsweise dann sinnvoll sein, wenn der Bevollmächtigte für einzelne Angelegenheiten einen »Spezialisten« an der Hand hat.

54/17 Ob der Tod des Vollmachtgebers zum Erlöschen der Vollmacht führt, ist durch Auslegung zu ermitteln. Um Zweifel nach dem Tod des Vollmachtgebers zu vermeiden, sollten Sie in der Vollmacht zum Ausdruck bringen, dass die Vollmacht über den Tod hinaus gelten soll. Dann ist Ihr Bevollmächtigter auch nach Ihrem Tod befugt, von seiner Vertretungsmacht Gebrauch zu machen. Aber: Die Erben können Rechenschaft vom Bevollmächtigten verlangen und die Vollmacht widerrufen. Wenn Sie sich dafür entscheiden, dass die Vollmacht mit Ihrem Tod erlöschen soll, dann kann es sein, dass bei Verwendung der Vollmacht zur Vornahme von Rechtsgeschäften eine »Lebensbescheinigung« verlangt wird. Außerdem kann Ihr Bevollmächtigter nach Ihrem Tod dann keine Geschäfte mehr erledigen, die keinen Aufschub dulden wie z. B. die Wohnungsauflösung, was unvorteilhaft ist, wenn beispielsweise die Erben nicht sofort tätig werden oder erst ausfindig gemacht werden müssen.

54/18 Die Unterschrift des Bevollmächtigten bzw. des Vollmachtnehmers ist keine Wirksamkeitsvoraussetzung der Vollmacht. Die vorgesehene Zeile hierfür soll Sie nur daran erinnern, dass die frühzeitige Einbindung Ihrer Vertrauensperson höchst sinnvoll ist. Außerdem unterstreicht der Bevollmächtigte mit dieser Unterschrift, dass er sich der Ernsthaftigkeit seines Handelns bewusst ist.

54/19 Eine notarielle Beurkundung oder Beglaubigung ist keine Wirksamkeitsvoraussetzung für eine Vorsorgevollmacht. Aber: Zumindest die notarielle Beglaubigung kann notwendig bzw. sinnvoll sein, wenn Ihre Vollmacht zum Erwerb oder zur Veräußerung von Grundstücken oder zur Darlehensaufnahme berechtigen soll.

Postvollmacht

61/20 Auch nahe Verwandte, Ehegatten oder gute Freunde und Nachbarn bekommen eine an Sie gerichtete Postsendung nicht ausgehändigt. Die Post geht auf Nummer sicher und will per Vollmacht genau wissen, mit wem sie sich einlässt. Das gilt besonders bei Behörden-, Einschreibe- und Wertbriefen. Wenn Sie also z. B. einen längeren Krankenhausaufenthalt vor sich haben, sollten Sie über eine Postvollmacht nachdenken.

Sendungen mit den Zusatzleistungen Einschreiben, Nachnahme und Eigenhändig werden nur gegen Empfangsbestätigung und Nachweis der Empfangsberechtigung ausgehändigt. Sendungen mit den Zusatzleistungen Einschreiben und Nachnahme werden nicht an Hausbewohner und Nachbarn ausgehändigt und Sendungen mit der Zusatzleistung Eigenhändig nur an den Empfänger oder einen besonders dazu Bevollmächtigten. Diese Option ist in unserem Musterformular gesondert vorgesehen.

Notizen

Teil 2

Treffen Sie die richtigen Regelungen für Ihr Erbe

Notizen

1 Kinder und andere Verwandte: Was erben sie per Gesetz?

1.1 Gesetzliche Erbfolge – wann kommt es dazu?

Wenn jemand stirbt, ohne ein Testament oder Erbvertrag zu hinterlassen, tritt automatisch die gesetzliche Erbfolge ein. Liegt dagegen ein »Letzter Wille« vor, geht dieser vor. Das ist aber nur dann der Fall, wenn das Testament oder der Erbvertrag wirklich wirksam ist.

Es gibt nämlich zahlreiche Fälle, in denen so eine Verfügung zwar vorliegt, aber rechtlich auf wackligen Füßen steht. Typischer Fall ist hier die Formunwirksamkeit eines eigenhändigen Testamentes. Aber auch darüber hinaus gibt es noch viele Gründe, weshalb ein Testament unwirksam sein kann.

» **Beispiel:** Der Erblasser war unfähig, ein Testament zu erstellen, weil er schon unter fortgeschrittener Demenz zum Zeitpunkt der Testamentserrichtung litt.

1.2 Wer wird gesetzlicher Erbe?

Ehegatten

Der Ehegatte zählt neben den Verwandten zu den gesetzlichen Erben. Es spielt hier grundsätzlich keine Rolle, welchen Güterstand die Eheleute hatten. Voraussetzung für ein gesetzliches Erbrecht ist nur, dass überhaupt eine rechtswirksame Ehe geschlossen wurde und noch fortbestand.

Kinder und Verwandte

Ansonsten gilt, dass grundsätzlich alle (Bluts-)Verwandten gesetzliche Erben sind. **Konkret:** Zu den erbberechtigten Verwandten gehören alle Verwandten in **gerader Linie,** die voneinander abstammen. Das sind zum Beispiel Großvater - Vater - Sohn - Enkel. Aber auch die Verwandten in der **Seitenlinie** sind grundsätzlich erbberechtigt. Das sind diejenigen, die von einer dritten Person abstammen, wie zum Beispiel Geschwister, Onkel, Tanten, Nichten, Neffen.

Es kommt aber nicht auf die biologische Verwandtschaft an. Wenn es ums erben geht, **zählt nur die rechtliche Verwandtschaft.** Dies spielt insbesondere bei nicht ehelichen und adoptierten Kindern eine Rolle.

Geerbt wird der Reihe nach – nach Ordnungen

- Der **ersten Ordnung gehören die Abkömmlinge des Erblassers,** also Kinder, Enkel, Urenkel etc., an (§ 1924 Abs. 1 BGB).

- Der **zweiten Ordnung gehören die Eltern des Erblassers und deren Abkömmlinge** wie Geschwister, Nichten und Neffen an (§ 1925 Abs. 1 BGB).
- Der **dritten Ordnung gehören die Großeltern des Erblassers und deren Abkömmlinge** an (§ 1926 Abs. 1 BGB).

Der **vierten Ordnung gehören die Urgroßeltern des Erblassers und deren Abkömmlinge** an (§ 1928 Abs. 1 BGB). **Vorrangige Ordnungen schließen nachrangige aus.** Solange auch **nur ein Verwandter der ersten Ordnung** vorhanden ist, sind **alle anderen also ausgeschlossen.** Lebt beispielsweise beim Erbfall noch ein Urenkel, wird dieser Alleinerbe, während die übrigen Verwandten nichts erben.

» **Beispiel:** Beim Tod des Erblassers leben der Vater und ein Enkelkind des Erblassers. Der eigene Sohn ist schon vor dem Erblasser verstorben. Hier wird nur das Enkelkind gesetzlicher Erbe, weil es zur ersten Erbenordnung gehört. Der Vater erbt nichts, da er zur zweiten Erbenordnung gehört. Auf die Verwandtschaftsnähe kommt es nicht an! Obwohl nur im zweiten Grad mit dem Erblasser verwandt, erbt das Enkelkind alles. Grund: Der Nachlass soll der jüngeren Generation zufallen.

Nähere Verwandte schließen entferntere aus

Ein und dieselbe Ordnung kann mehrere Generationen umfassen, zum Beispiel Kinder, Enkel, Urenkel. Es sollen aber nicht alle diejenigen Erben werden, die derselben Ordnung angehören. Was also gilt?

In der ersten, zweiten und dritten Erbenordnung kommt es jeweils auf den **Verwandtschaftsgrad** an. **Der nähere Verwandte erbt vor dem entfernteren** – das eigene Kind vor dem Enkel, der Enkel vor dem Urenkel. Der beim Erbfall noch lebende Sohn schließt zum Beispiel seine eigenen Kinder aus (§ 1924 Abs. 2 BGB).

» **Beispiel:** Beim Tod des Erblassers leben drei seiner Kinder. Jedes dieser Kinder hat wiederum jeweils zwei Kinder. Sowohl die drei Kinder als auch die sechs Enkelkinder gehören der ersten Erbenordnung an, es werden aber nicht alle neun zugleich Erben. Gesetzliche Erben werden hier nur die drei Kinder des Erblassers – und zwar zu gleichen Teilen (je ein Drittel). Aber: Ist ein Kind des Erblassers vorverstorben, erben seine Kinder neben den noch lebenden Kindern des Erblassers.

Ab der vierten Ordnung zählt die Nähe der Verwandtschaft

Hier ist derjenige zum Erben berufen, der mit dem Erblasser dem Grade nach am nächsten verwandt war (§ 1928 Abs. 3 BGB; § 1929 Abs. 2 BGB). Die **Zahl der eine Verwandtschaft vermittelnden Geburten gibt den Ver-**

wandtschaftsgrad an (§ 1589 Satz 3 BGB). Hier hilft zur Not eine Skizze, bei der man die **Anzahl der senkrechten Striche zählen** muss. Diese gibt den Grad der Verwandtschaft an.

» **Beispiel:** Ein kinderloser Erblasser hat keine Eltern, Großeltern und Urgroßeltern mehr. Es leben nur noch ein Großonkel (Abkömmling 1) und dessen Sohn (Abkömmling 2).

In dieser Fallkonstellation bekommt Abkömmling 1 alles, Abkömmling 2 nichts. Hätte Abkömmling 1 noch lebende Geschwister gehabt, hätte er teilen müssen. Die Anzahl der senkrechten Striche beträgt beim Abkömmling 1 vier, beim Abkömmling 2 fünf.

1.3 Wie groß ist der gesetzliche Erbteil?

Wichtig ist, dass immer nur das vererbt wird, was dem Verstorbenen auch wirklich gehört hat. Das bedeutet: Stehen zum Beispiel Eheleute gemeinsam für ihr Haus im Grundbuch, dann gehört jedem eine Hälfte. Verstirbt der Ehemann zählt zu seinem Nachlass auch nur diese Hälfte.

Für alle Gegenstände, die sich im Haushalt/der Wohnung befinden gilt: Nur was im Alleineigentum des Verstorbenen war, wird auch vererbt, zum Beispiel persönliche Gegenstände wie Münzsammlungen, Musikinstrumente usw. Der Hausrat der gemeinsamen Ehewohnung steht dem überlebenden Ehegatten zu, sofern er diesen zur Weiterführung des Haushalts benötigt (§ 1932 BGB).

Wenn der Erblasser verheiratet war

Bevor Sie anfangen zu rechnen, müssen Sie **bei verheirateten Erblassern immer den Erbteil des Ehegatten herausrechnen**. Nur was vom Nachlass übrig bleibt, wird dann unter den Verwandten als gesetzlichen Erben nach folgenden Grundsätzen verteilt.

Wenn der Erblasser nicht (mehr) verheiratet war

Grundsätzlich erben die **Kinder zu gleichen Teilen** (§ 1924 Abs. 4 BGB).

» **Beispiel:**

- Ein verwitweter Erblasser hinterlässt vier eheliche Kinder. Gesetzliche Erben werden die vier Kinder zu je einem Viertel des Nachlasses, den der Erblasser im Zeitpunkt seines Todes hinterlässt.
- Ein Erblasser war zweimal verheiratet; die erste Ehe endete durch Tod der Ehefrau, die zweite ist geschieden. Aus der ersten Ehe sind drei Kinder hervorgegangen, aus der zweiten zwei Kinder. Gesetzliche Erben

werden alle fünf Kinder zu je einem Fünftel. Es kommt nicht darauf an, aus welcher Ehe ein Kind stammt. Entscheidend ist seine Abstammung vom Erblasser.

Solange die Kinder des Erblassers noch leben, schließen sie die Enkel und Urenkel von der Erbschaft aus.

Anders sieht es dagegen aus, wenn eines der Kinder zum Zeitpunkt des Erbfalls nicht mehr lebt bzw. durch Erbverzicht oder Erbunwürdigkeit ausgeschlossen ist. Dann treten dessen Abkömmlinge an seine Stelle.

» **Beispiel:** Eine Witwe hatte zwei Töchter, von denen eine vorverstorben ist. Die noch lebende Tochter hat keine Kinder. Die Verstorbene hinterlässt zwei Kinder. Hier sieht die gesetzliche Erbfolge vor, dass die noch lebende Tochter die Hälfte des Nachlasses bekommt, die beiden Enkelkinder je ein Viertel. Hätte die zweite, noch lebende Tochter auch Kinder gehabt, wären diese leer ausgegangen, weil ihre Mutter vorrangig ist.

Die **Eltern** des Erblassers bzw. dessen Geschwister und deren Abkömmlinge kommen nur zum Zuge, soweit keine Erben der ersten Ordnung da sind.

Erst dann kommen zuerst die Eltern, die zu gleichen Teilen erben. Sie schließen wiederum ihre eigenen Kinder und weitere Abkömmlinge aus.

» **Beispiel:** Der Erblasser hat keine eigenen Abkömmlinge. In diesem Fall fällt sein Nachlass an seine Eltern – und zwar zu gleichen Teilen. Wenn nur noch ein Elternteil lebt, erbt dieser allein bzw. treten an die Stelle des verstorbenen Elternteils dessen Abkömmlinge, also die Geschwister des Verstorbenen und deren Abkömmlinge.

Sind beide Elternteile tot, geht der Nachlass zu gleichen Teilen an die Geschwister; wenn diese auch nicht mehr leben, an die Nichten und Neffen und deren Abkömmlinge.

Leben nur noch die **Großeltern**, erben sie allein und zu gleichen Teilen, also theoretisch bei vier Großeltern zu je einem Viertel.

Häufiger ist allerdings der Fall, dass nicht mehr alle Großeltern leben. Hier treten anstelle eines verstorbenen Großelternteils seine Abkömmlinge, also Onkel, Tanten und wiederum deren Abkömmlinge, Vettern und Cousinen des Erblassers.

» **Beispiel:** Ein Erblasser, der seine Eltern schon früh verloren hatte, hat noch zwei Großmütter, aber keinen Großvater mehr. An die Stelle des Großvaters treten nun dessen noch lebende Kinder, soweit vorhanden. Auf ihren Stamm entfällt das jeweilige Großvater-Viertel.

Ab den Urgroßeltern als infrage kommende gesetzliche Erben wird nur noch nach Verwandtschaftsgrad – und zwar zu gleichen Teilen – geerbt.

Lebt also nur noch ein Urgroßelternteil, wird dieser Alleinerbe, und seine Kinder bekommen nichts. Diese erben erst, wenn die Urgroßeltern nicht mehr leben.

Hier gilt im Prinzip dasselbe wie bei der dritten Ordnung: Der Fall, dass die Urgroßeltern noch leben und erben, kommt selten vor. Von Bedeutung ist die gesetzliche Erbfolge hier letztlich für die Kinder und Kindeskinder der Urgroßeltern, die auf die Art und Weise Anspruch auf den Nachlass eines entfernteren Verwandten haben können.

1.4 Was erben nicht eheliche Kinder?

Nicht eheliche Kinder haben dasselbe gesetzliche Erbrecht gegenüber ihrem Vater und dessen Verwandtschaft wie eheliche Kinder. Das gilt aber auch umgekehrt für den Vater und seine Verwandten gegenüber dem nicht ehelichen Kind. Wichtig ist nur, dass die Abstammung rechtlich belegt ist. Ein biologischer Vater, dessen Vaterschaft nicht rechtlich belegt ist, kommt als Erbe oder Erblasser hier nicht infrage.

! Auch Kinder, die vor dem 1.7.1949 geboren wurden, profitieren jetzt von der Gleichstellung. Bisher waren vor dem 1.7.1949 geborene nicht eheliche Kinder und deren Väter wechselseitig nicht erbberechtigt. Diese **Ungleichbehandlung** ist nun für Erbfälle ab dem 29.5.2009 vollständig aufgehoben. Das heißt, dass es in Erbfällen vor diesem **Stichtag** bei der alten Regelung bleibt.

Darüber hinaus bringt die Neuregelung noch eine **Besonderheit** mit sich: Waren der Vater und das nicht eheliche Kind selbst bereits vor diesem Zeitpunkt verstorben und verstirbt etwa ein weiteres Kind des Vaters, ohne Abkömmlinge zu hinterlassen, steht den Abkömmlingen des bereits verstorbenen nicht ehelichen Kindes ein gesetzliches Erbrecht zu. Das setzt allerdings voraus, dass der Tod des weiteren Kindes nach dem 29.5.2009 eingetreten ist.

Wurde vor Inkrafttreten der erblichen Gleichstellung nicht ehelicher Kinder zum 1.1.1998 ein **vorzeitiger Erbausgleich** vereinbart, entfallen jegliche Erbansprüche.

In den **neuen Bundesländern** haben nicht eheliche Kinder seit dem 1.4.1998 dasselbe volle Erbrecht nach den Vorschriften des Bürgerlichen Gesetzbuches wie eheliche Kinder. Es spielte keine Rolle, ob die Kinder vor dem 1.7.1949 geboren sind. Denn diese haben im Gegensatz zu den Kindern aus den alten Bundesländern schon immer das volle Erbrecht gegenüber ihrem Vater wie alle anderen Kinder auch gehabt. Wegen der erbrechtlichen Gleichstellung nicht ehelicher Kinder – insbesondere auch wegen der jetzt eingetretenen völligen Gleichstellung von Kindern, die vor dem 1.7.1949 geboren worden sind –, sollten betroffene Väter bereits abgefasste Testamente oder Erbverträge auf ihre **Aktualität** hin überprüfen.

Denn wenn ein nicht eheliches Kind in der letztwilligen Verfügung des Vaters oder der väterlichen Großeltern nicht erwähnt ist, also weder bedacht noch von der Erbfolge ausgeschlossen wird, ist nun das Testament nach dem Tode des Vaters bzw. der väterlichen Großeltern anfechtbar. Dieses **Anfechtungsrecht** kann innerhalb eines Jahres nach dem Tode des Erblassers ausgeübt werden (§ 2081 BGB). Dazu sollte aber unbedingt die Hilfe eines Rechtsanwalts in Anspruch genommen werden, um mögliche Fallstricke zu vermeiden.

1.5 Was erben adoptierte Kinder?

Wenn das Kind bis zum 31.12.1976 adoptiert worden ist

Die Annahme des Kindes hat das Verwandtschaftsband zu den natürlichen Eltern und Verwandten nicht aufgelöst. Das heißt, das Adoptivkind behält alle Erb- und Pflichtteilsrechte gegenüber den Blutsverwandten (§ 1764 BGB).

Durch die Adoption erwirbt das Kind **zusätzliche Erb- und Pflichtteilsrechte** am annehmenden Elternteil, soweit dies nicht im Adoptionsvertrag ausgeschlossen war. Kein Erb- und Pflichtteilsrecht erwirbt es dagegen gegenüber den Verwandten (beispielsweise Eltern und Großeltern) des Annehmenden.

Wenn die Adoption nach dem 1.1.1977 erfolgt ist … erben Minderjährige

Die **Minderjährigenadoption** ist eine sogenannte **Volladoption.** Das heißt, das Verwandtschaftsband zu den leiblichen Eltern und deren Verwandten erlischt. Das Kind verliert Erb- und Pflichtteilsansprüche gegen die natürliche Familie (§ 1755 BGB).

In die Familie des Annehmenden wird es dagegen vollständig mit allen rechtlichen Konsequenzen eingegliedert. Das Adoptivkind wird mit dem/den Annehmenden und seinen Angehörigen verwandt. Dementsprechend erhält es gegenüber dem/der Annehmenden und dessen/deren Verwandtschaft ein gesetzliches Erb- und Pflichtteilsrecht.

! Wenn Sie zum Beispiel durch die Adoption zu Großeltern geworden sind, aber mit dem neu entstandenen gesetzlichen Erbanspruch nicht einverstanden sind, müssen Sie das Kind durch letztwillige Verfügung von der Erbfolge ausschließen. Das Pflichtteilsrecht bleibt aber bestehen.

Bei **Adoption durch Verwandte oder Angehörige** (z.B. Großeltern, Onkel, Tante, Stiefmutter bzw. Stiefvater) erlischt das Verwandtschaftsband nur zu den leiblichen Eltern, nicht zu den übrigen Verwandten. Aber trotz der weiterhin bestehenden Verwandtschaft zählt das Adoptivkind nicht zu den Erben der zweiten Ordnung im Verhältnis zu den blutsmäßigen Verwandten (§ 1925 Abs. 4 BGB). So soll ein doppeltes Erbrecht an der Familie des Annehmenden unter Blutsverwandten verhindert werden.

Das Gleiche gilt, wenn jemand das eheliche Kind seines Ehegatten adoptiert, dessen frühere Ehe durch Tod aufgelöst worden war (§ 1756 Abs. 2, 1925 Abs. 4 BGB).

» **Beispiel:** Aus der Ehe zwischen V 1 und M sind zwei Kinder A und B hervorgegangen. Nach dem Tod des V 1 heiratet M in zweiter Ehe V 2. Aus dieser Ehe geht das Kind C hervor. V 2 adoptiert seinen minderjährigen Stiefsohn B.

Durch die Adoption wird B gemeinschaftliches eheliches Kind von M 1 und V 2 (§ 1754 BGB). Nach dem Tod von M und V 2 stirbt auch B, ohne eigene Abkömmlinge hinterlassen zu haben. Gemäß § 1925 Abs. 4 BGB erbt der Stamm des V 1, also A und dessen Abkömmlinge, nichts. Damit wird C Alleinerbe des B. Denn trotz des erhalten gebliebenen Verwandtschaftsverhältnisses zwischen A und B sind durch die Adoption des B die gesetzlichen Erbansprüche unter den Brüdern erloschen.

Wenn die Adoption nach dem 1.1.1977 erfolgt ist ... erben Volljährige

Hier wird das **Verwandtschaftsverhältnis zu den leiblichen Angehörigen nicht zerschnitten** (§ 1770 Abs. 2 BGB). Das Erb- und Pflichtteilsrecht bleibt erhalten.Verwandtschaftliche Beziehungen werden nur gegenüber den/der annehmenden Person bzw. Personen begründet, nicht auch gegenüber den übrigen Verwandten wie zum Beispiel Eltern oder Großeltern des Annehmenden. Geerbt werden kann also hier nur vom Annehmenden. Es gibt hier aber den Ausnahmefall, dass das Gericht diese Adoption für rechtlich gleichwertig wie eine Minderjährigenadoption erklärt. Das ist letztlich im Einzelfall zu überprüfen.

! Die Volljährigenadoption ist **kein Steuersparmodell!** Das Familiengericht darf die Volljährigenadoption zurückweisen, wenn sie sittlich nicht gerechtfertigt ist. Ist die Absicht, Erbschaftssteuer zu sparen, nicht bloß erlaubter Nebenerfolg, sondern Hauptzweck der Adoption, darf diese abgelehnt werden.

Durch die Adoption minderjähriger und volljähriger Kinder können frühere letztwillige Verfügungen anfechtbar werden.

Mit dem Adoptivkind ist ein weiterer Pflichtteilsberechtigter hinzugekommen. Deshalb gibt es hier genauso wie bei nicht ehelichen Kindern ein Anfechtungsrecht.

1.6 Was erben Stiefkinder bzw. Stiefeltern?

Stiefkinder sind **keine leiblichen Kinder des Erblassers** und gehören daher nicht zu dessen gesetzlichen Erben. Sie erben nur von ihrem leiblichen Elternteil – also zum Beispiel von dem von der Mutter geschiedenen Vater.

Anders sieht es dagegen aus, wenn der Stiefelternteil das Kind adoptiert. Dann erbt das Kind als Adoptivkind.

2 Was erbt der überlebende Ehepartner nach dem Gesetz?

2.1 Der Ehegatte bekommt nicht automatisch alles

Derjenige Ehepartner, der den anderen überlebt, aber nicht testamentarisch bedacht worden ist, wird **nur in bestimmten Fällen Alleinerbe** seines verstorbenen Ehepartners. Das ist der Fall, wenn weder Kinder noch Eltern oder Geschwister noch Großeltern des Verstorbenen vorhanden sind (§ 1931 Abs. 2 BGB). In allen anderen Fällen beschränkt sich das gesetzliche Erbrecht des überlebenden Ehegatten auf eine bestimmte Quote des Nachlasses. Der übrige Teil des Nachlasses geht an die liebe Verwandtschaft, in erster Linie an die Kinder. Und das hat Folgen.

- Der überlebende Ehegatte, der nur eine Quote erbt, wird Teil einer **Erbengemeinschaft.** Das heißt, jeder Miterbe kann jederzeit die Erbteilung womöglich durch Zwangsversteigerung verlangen. Das ehemals gemeinsame Haus kommt somit unter Umständen unter den Hammer.
- Ehegemeinschaftliche Kinder verzichten zwar oft zugunsten des überlebenden Elternteils zunächst auf ihren Anteil am Erbe. Bei nicht ehelichen Kindern oder Kindern aus früheren Ehen sieht das Ganze schon anders aus. Sie wollen meistens sofort, was ihnen von Gesetzes wegen zusteht. Beachten Sie hierbei, dass nicht eheliche Kinder dasselbe Erbrecht haben wie eheliche.
- Wenn kinderlose Ehepaare nur Nichten und Neffen oder noch weiter entfernte Verwandte haben, ist es eine Frage des Zufalls, wer hier erbt. Dies hängt ohne Testament davon ab, welcher Partner vorverstirbt und welcher Teil der Verwandtschaft dann aufgrund der gesetzlichen Erbfolge das Vermögen der Eheleute später bekommt.

2.2 Was erbt der überlebende Ehegatte neben den Kindern und anderen Verwandten?

Um den konkreten Ehegattenanteil ermitteln zu können, müssen Sie vorab **zwei Fragen** klären:

Wer zählt außer dem Ehegatten zu den gesetzlichen Erben?

Zu den erbberechtigten Verwandten gehören alle Verwandte in gerader Linie, die voneinander abstammen. Das sind zum Beispiel Großvater-Vater-Sohn-Enkel. Aber auch die Verwandten in der Seitenlinie sind grundsätzlich erbberechtigt. Das sind diejenigen, die von einer dritten Person abstammen, wie zum Beispiel Geschwister, Onkel, Tanten, Nichten, Neffen.

! Nicht eheliche Kinder zählen ebenfalls zu den Verwandten erster Ordnung. Sie werden wie eheliche Kinder behandelt.

In welchem Güterstand haben die Eheleute gelebt?

Die Höhe des Erbrechts des überlebenden Ehegatten ist abhängig davon, ob die Eheleute im gesetzlichen Güterstand der **Zugewinngemeinschaft,** in **Gütertrennung** oder in **Gütergemeinschaft** gelebt haben. Bei der Gütertrennung und der Gütergemeinschaft haben Sie vor dem Notar ein Ehevertrag geschlossen

Die Gütergemeinschaft kommt in der Praxis kaum vor und spielt deshalb keine Rolle, zumal bei diesem Ehevertrag sich die Ehegatten normalerweise gegenseitig zu Alleinerben einsetzen.

Sind Sie sich nun darüber im Klaren, welche Miterben neben dem überlebenden Ehegatten vorhanden sind und welcher Güterstand in Ihrem konkreten Fall vorliegt oder vorlag, informieren Sie sich anhand der nachfolgenden Ausführungen, wie hoch die einzelnen Erbquoten sind.

2.3 So ermitteln Sie den Erbteil des Ehegatten

2.3.1 Wenn Kinder und andere Verwandte der ersten Ordnung vorhanden sind

Ehegattenerbrecht bei Zugewinngemeinschaft zwischen Eheleuten

Wird der überlebende Ehegatte Erbe neben Verwandten der ersten Ordnung – also neben Kindern, Enkeln, Urenkeln etc. –, beträgt sein Erbteil ein Viertel des Nachlasses (§ 1931 Abs. 1 BGB). Zusätzlich zu diesem Viertel erhält der überlebende Ehegatte bei bestehender Zugewinngemeinschaft ein weiteres Viertel (§ 1371 Abs. 1 BGB), zusammen also die **Hälfte des Nachlasses.**

Dieses pauschale Zusatzviertel ist die sogenannte **Zugewinnpauschale.** Sie ersetzt den Zugewinnausgleich am Ende der Ehe. Dieser Anspruch besteht auch, wenn die Ehepartner schon sehr lange getrennt gelebt haben.

Den Rest bekommen die Verwandten nach der ersten Ordnung, also die Abkömmlinge, soweit die unmittelbaren Kinder nicht mehr leben – und zwar zu gleichen Teilen (§ 1924 Abs. 4 BGB).

» **Beispiel:** Ein Ehepaar, das in Zugewinngemeinschaft lebt, hat drei Kinder. Eine letztwillige Verfügung ist nicht vorhanden. Hier gilt: Der überlebende Ehegatte erbt ein Viertel. Dieser Erbteil wird nach Zugewinnausgleichsrecht um ein Viertel erhöht. Insgesamt erhält er die Hälfte des Nachlasses. Die verbleibende Hälfte geht an die drei Kinder zu gleichen Teilen. Vom gesamten Nachlass erhalten die Kinder je ein Sechstel.

Ein in Zugewinngemeinschaft lebendes Ehepaar hat eine Tochter; ein Sohn ist bereits verstorben. Dieser Sohn hinterließ eine Ehefrau und zwei Kinder, also Schwiegertochter und zwei Enkel. Eine letztwillige Verfügung hat das Ehepaar nicht gemacht.

Beim Tod des erstversterbenden Ehegatten wird der überlebende Ehegatte Erbe neben den Verwandten der ersten Erbfolgeordnung, zu der auch die Enkelkinder zählen. Sie treten an die Stelle ihres vorverstorbenen Vaters als gesetzliche Ersatzerben. Die Schwiegertochter gehört dagegen nicht zu den Ersatzerben. Deshalb bekommt hier der überlebende Ehegatte wie oben die Hälfte des Nachlasses. Die andere Hälfte geht an die Tochter zu einem Viertel. Die beiden Enkel erben zu gleichen Teilen das, was ihr Vater geerbt hätte, wenn er noch leben würde. Das ist zusammen ein Viertel, je Kind ein Achtel.

Sonderfall: Wenn der verstorbene Ehepartner einseitig ein größeres Vermögen erwirtschaftet hat

Hat einer der Ehepartner im Laufe der Ehezeit zum Beispiel eine gut gehende Arztpraxis oder eine Firma aufgebaut, fährt der Überlebende mit dem pauschalen Zugewinn (sog. erbrechtliche Lösung) unter Umständen erheblich schlechter als mit dem konkret berechnenden Zugewinnausgleich, wie er im Scheidungsfall gewährt wird (sog. güterrechtliche Lösung). Deshalb hat der überlebende Ehegatte das Recht, zwischen beiden Möglichkeiten zu wählen.

» **Beispiel:** Ein Ehepaar hatte zu Beginn seiner Ehe kein nennenswertes Vermögen. Der Mann baut während der Ehe aus dem Nichts heraus eine Firma auf, die einen Wert von € 2.000.000,– hat, als er plötzlich stirbt. Die Frau hat als Hausfrau kein eigenes Vermögen erwirtschaftet. Aus der Ehe ist ein Kind hervorgegangen.

Mit der Pauschalmethode würde die Frau ein Viertel des Nachlasses als gesetzlichen Erbteil + ein Viertel als Zugewinnausgleich = € 1.000.000,– erhalten. Bei der konkreten Zugewinnausgleichsrechnung bekäme sie ebenfalls die Hälfte des Firmenwertes (= € 1.000.000,–). Zusätzlich steht ihr aber der Pflichtteilsanspruch in Höhe der Hälfte ihres gesetzlichen Erbteils, also ein Achtel des Nachlasses (= € 250.000,–) zu. Ihr gesamtes Erbe beträgt demnach € 1.250.000,–.

Als überlebender Ehegatte sollten Sie in dieser Situation möglichst **bald nach dem Todesfall** von einem **Fachanwalt für Erbrecht** feststellen lassen, was für Sie günstiger ist: Annahme des gesetzlichen Erbteils oder Ausschlagung.

Neben Verwandten der zweiten Ordnung ist die erbrechtliche Lösung stets von Vorteil.

Ehegattenerbrecht bei Gütertrennung zwischen den Eheleuten

Hier richtet sich der Erbteil nach der Anzahl der miterbenden Kinder:

- **Erblasser hinterlässt ein Kind**
  Hier erbt der überlebende Ehegatte die Hälfte, das Kind die andere Hälfte (§ 1931 Abs. 4 BGB).
- **Der Erblasser hinterlässt zwei Kinder**
  Hier erbt der überlebende Ehegatte ein Drittel und die beiden Kinder auch je ein Drittel.
- **Der Erblasser hinterlässt drei oder mehr Kinder**
  Hier erbt der Ehegatte ein Viertel, die Kinder die restlichen drei Viertel zu gleichen Teilen (§ 1931 Abs. 1 BGB).
- **Der Erblasser hinterlässt keine Kinder, aber andere Erben erster Ordnung (z.B. Enkelkinder)**
  In diesem Fall treten die Enkelkinder an die Stelle ihres vorverstorbenen Elternteils (§§ 1924 Abs. 3 BGB, §§ 1931 Abs. 4 BGB).

» **Beispiel:** Ein Erblasser, der mit seiner Ehefrau in Gütertrennung lebte, hinterlässt zwei Kinder. Eines ist vorverstorben und hinterlässt seinerseits zwei Kinder. Hier tritt folgende gesetzliche Erbfolge ein: Der überlebende Ehepartner erbt ein Drittel, das noch lebende Kind ein weiteres Drittel. Die beiden Enkelkinder, deren Elternteil bereits verstorben ist, erben zusammen das letzte Drittel, das heißt je ein Sechstel. Einen Zugewinnausgleich gibt es hier nicht.

Ehegattenerbrecht bei Gütergemeinschaft zwischen den Eheleuten

In diesem **seltenen Fall** bleibt es bei der allgemeinen erbrechtlichen Regel des § 1931 Abs. 1 BGB. Danach erhält der überlebende Ehegatte neben Verwandten der ersten Ordnung ein Viertel des Nachlasses, die übrigen Erben erhalten zusammen drei Viertel. Auf die Anzahl der Kinder kommt es hier nicht an. Ein Zugewinnausgleich wie bei der Zugewinngemeinschaft gibt es nicht.

» **Beispiel:** Ein Ehepaar lebte in Gütergemeinschaft. Es sind zwei Kinder vorhanden. Beim Tod des Mannes erbt die Ehefrau ein Viertel, die Kinder erben zusammen die verbleibenden drei Viertel, also jeder drei Achtel.

In den meisten Fällen wird zusätzlich vereinbart, dass die Gütergemeinschaft auch nach dem Tod des Erstverstorbenen zwischen dem überlebenden Ehegatten und den gemeinschaftlichen Kindern fortgesetzt werden soll (sog. **fortgesetzte Gütergemeinschaft).** Hier wird das gesamte Vermögen, das die Eheleute gemeinsam besessen haben (Gesamtgut), nicht vererbt. Es bleibt gemeinschaftliches Eigentum des überlebenden Ehegatten und der gemeinsamen Kinder.

In den Nachlass fallen nur Vermögenswerte, die dem Verstorbenen allein gehörten **(Vorbehalts- und Sondergut).**

Das heißt, der überlebende Ehegatte braucht zunächst das Vermögen nicht mit seinen Kindern zu teilen und kann es allein verwalten. Die Kinder erben erst, wenn der überlebende Ehegatte ebenfalls stirbt.

2.3.2 Wenn Verwandte der zweiten Ordnung beteiligt sind

Ehegattenerbrecht bei Zugewinngemeinschaft

Erbt der überlebende Ehegatte neben Verwandten der zweiten Ordnung, also neben Eltern und/oder Geschwistern des Erblassers, beträgt sein Erbteil zunächst die Hälfte des Nachlasses (§ 1931 Abs. 1 BGB). Zusätzlich wird sein Erbteil durch die Zugewinnpauschale um ein Viertel erhöht. Der Anspruch beträgt somit drei Viertel des gesamten Nachlasses. Das restliche Viertel erben die Verwandten der zweiten Ordnung.

» **Beispiel:**

- Ein in Zugewinngemeinschaft lebendes Ehepaar hat weder Kinder noch Enkel. Die Eltern des Ehemannes leben beide noch. Eine letztwillige Verfügung ist nicht vorhanden. Beim Tod des Ehemannes erbt die überlebende Witwe neben den Verwandten der zweiten Ordnung. Ihr Erbteil beträgt drei Viertel des gesamten Nachlasses. Das verbleibende Viertel geht an die Eltern des Ehemannes zu gleichen Teilen, also zu je einem Achtel. Eventuell vorhandene Geschwister des Erblassers erben nichts, solange die Eltern noch leben.
- Ein kinderloses Ehepaar lebt in Zugewinngemeinschaft. Von der Ehefrau lebt noch die Mutter, ihr Vater ist bereits gestorben. Außerdem hat sie noch einen Bruder. Hier sieht die gesetzliche Erbfolge beim Tod der Ehefrau vor, dass der Ehemann neben den Verwandten der zweiten Ordnung drei Viertel des gesamten Nachlasses bekommt. Das verbleibende Viertel erben die Mutter und der Bruder der Erblasserin anstelle seines Vaters zu je einem Achtel.

Wenn Sie kinderlos verheiratet sind und ausschließen wollen, dass nach dem Tod des Erstverstorbenen neben dem überlebenden Ehegatten Eltern oder Geschwister des Erblassers miterben, müssen Sie ein Testament machen oder einen Erbvertrag schließen. Den Eltern steht zwar ein Pflichtteilsrecht zu, nicht aber den Geschwistern. Diese sind bei einem entsprechenden Testament außen vor.

2.3.3 Neben Verwandten der dritten Ordnung

Ehegattenerbrecht bei Zugewinngemeinschaft

Hier wird unterschieden zwischen den Großeltern und deren Abkömmlingen. So erbt der überlebende Ehegatte neben den Großeltern die Hälfte des Nachlasses, hinzu kommt noch das Viertel des Zugewinnausgleichs.

Ist ein Großelternteil oder sind mehrere vor dem Erblasser verstorben, was wohl die häufigere Variante ist, erben nicht die Abkömmlinge der Großeltern an deren Stelle. Dieser Anteil geht an den überlebenden Ehegatten des Erblassers.

2.4 Das Ehegattenerbrecht im Überblick

Schnellübersicht über das gesetzliche Erbrecht des Ehepartners:

Güterstand des Erblassers mit hinterbliebenem Ehepartner	neben Erben 1. Ordnung = Kindern, Enkeln	neben Erben 2. Ordnung = Eltern, Geschwistern	neben Erben 3. Ordnung = Großeltern
Zugewinngemeinschaft	½	¾	¾
Gütertrennung	½ bei einem Kind ⅓ bei zwei Kindern ¼ bei drei und mehr Kindern	½	½
Gütergemeinschaft	¼	½	½

Beachten Sie bitte: Die Erben nachfolgender Ordnungen kommen nur zum Zuge, wenn keine Erben vorrangiger Ordnungen vorhanden sind. Ist ein Großelternteil verstorben, erbt der überlebende Ehegatte auch dessen Anteil.

2.5 Was wird aus dem Hausrat?

Als gesetzlicher Erbe hat der überlebende Ehegatte Anspruch auf die zum ehelichen Haushalt gehörenden Gegenstände und die Hochzeitsgeschenke. Betroffen sind Gegenstände, die dem Erblasser gehörten und dem gemeinsamen Haushalt gedient haben (z.B. Möbel, Teppiche, Geschirr, Haushaltsgeräte, Bücher, Schallplatten und der von der Familie genutzte Pkw).

Dieser Anspruch, der sogenannte **Voraus,** steht dem Überlebenden neben seinem gesetzlichen Erbteil zu. Das heißt, er erhält die Gegenstände, bevor der übrige Nachlass unter den Erben aufgeteilt wird.

Da der Voraus dem Ehegatten nur bei gesetzlicher Erbfolge zusteht, sollten Sie als künftiger Erblasser in eine letztwillige Verfügung die Hausratsfrage mit aufnehmen. Verwenden Sie zum Beispiel folgende Formulierung: »Der überlebende Ehegatte soll den Hausrat im Umfang des gesetzlichen Voraus als Vermächtnis bekommen«.

Ist der **Überlebende zum Alleinerben** eingesetzt (z.B. in einem »Berliner Testament«), ist ein zusätzliches Hausratsvermächtnis nicht erforderlich. Hier erbt der überlebende Ehegatte ohnehin alles.

2.6 Was gilt im Scheidungsfall?

Grundsätzlich kein Ehegattenerbrecht mehr

Die Ehe muss beim Erbfall bestanden haben, sonst gibt es nichts zu erben. Deshalb ist die Rechtskraft des Scheidungsurteils maßgeblich. Das gesetzliche Ehegattenerbrecht entfällt aber auch schon vor Abschluss des Scheidungsverfahrens, wenn

- zurzeit des Todes des Erblassers die Voraussetzungen für die Scheidung gegeben waren (die Ehepartner haben schon ein Jahr lang getrennt gelebt) und
- der Erblasser die Scheidung beantragt oder ihr zugestimmt hat.

Allerdings muss der Antrag vom Familiengericht dem anderen Partner zugestellt worden sein. Die Einreichung des Antrags reicht nicht aus.

! Wollen Sie die Erbausschließung Ihres Ex-Partners frühzeitig absichern, sollten Sie bei Vorliegen der Scheidungsvoraussetzungen unverzüglich einen **eigenen Antrag** beim Familiengericht einreichen. Andernfalls laufen Sie Gefahr, dass der andere den Antrag ohne Weiteres wieder zurücknimmt. Das Ehegattenerbrecht lässt sich zwar auch testamentarisch ausschließen, die Pflichtteilsansprüche bleiben aber bestehen.

Was passiert, wenn der geschiedene Ehepartner die gemeinsamen Kinder beerbt?

Die Scheidung der Eltern beeinflusst das gesetzliche Erbrecht zwischen den Kindern und Ihnen nicht.

Wer dieses Ergebnis nicht will, muss im Rahmen einer letztwilligen Verfügung die Kinder zu Vorerben und die Enkelkinder oder andere Mitglieder der Familie zu Nacherben einsetzen.

Ebenfalls zu bedenken ist in diesem Fall, dass das Vermögenssorgerecht für das gemeinsame minderjährige Kind oft beim geschiedenen Ehepartner bleibt. Auch hier haben Sie die Möglichkeit, den ungeliebten Ex-Partner durch letztwillige Verfügung ausdrücklich von der Verwaltung Ihres Nachlasses auszuschließen. Hierbei sollten Sie sich aber unbedingt anwaltlich oder von einem Notar beraten lassen. Erklären Sie dabei klipp und klar, auf was es Ihnen ankommt.

3 Ein Testament errichten, ändern und widerrufen – so geht es

3.1 Formfehler machen Testamente unwirksam

Wer seinen Nachlass testamentarisch regeln will, muss unbedingt gesetzliche Formvorschriften beachten. Sonst ist der »Letzte Wille« juristisch unwirksam.

Wenn Sie sich nicht daran halten, tritt oft das Gegenteil von dem ein, was man eigentlich gewollt hat. Es tritt die **gesetzliche Erbfolge** ein. Und das kann manch unliebsame Überraschung mit sich bringen – insbesondere bei kinderlosen Ehepaaren.

Aber auch als künftiger **Erbe** sollten Sie wissen, auf was es bei der Testamentserrichtung ankommt. Gerade Ehepaare, die sich gegenseitig zu Erben einsetzen wollen, um die Versorgung des Überlebenden sicherzustellen, dürfen hier keine Fehler machen.

Wer enterbt worden ist, möchte wissen, wann ein Testament formunwirksam ist und man selbst zum Zuge kommt.

3.2 Das eigene Testament zu schreiben ist immer eine höchstpersönliche Angelegenheit

Vertretung ist ausgeschlossen

Ihr Testament können Sie nur höchstpersönlich errichten (§ 2064 BGB). Jegliche Vertretung ist ausgeschlossen. Weder ein Bevollmächtigter – auch nicht, wenn er eine General- oder Vorsorgevollmacht hat – darf dies für Sie erledigen. Auch Eltern dürfen dies nicht für ihre (minderjährigen) Kinder übernehmen. Sie müssen Ihr Testament immer selbst machen. Dabei ist es aber egal, ob Sie das Testament zu Hause mit der Hand schreiben oder es beim Notar anfertigen lassen und dort auch unterschreiben.

Ein durch das Betreuungsgericht (früheres Vormundschaftsgericht) bestellter Betreuer darf nicht für den Betreuten ein Testament verfassen, selbst wenn er für die Vermögenssorge zuständig ist.

Ausnahmen bestätigen die Regel: In unaufschiebbaren Eilfällen kann ein **Nottestament** von einer anderen Person errichtet werden.

Wann Minderjährige ein Testament errichten dürfen

Ab **16 Jahren** ist man nach dem Gesetz berechtigt, eine letztwillige Verfügung zu errichten. Die Eltern müssen als gesetzliche Vertreter nicht um Erlaubnis gefragt werden (§ 2229 BGB). Zur Unterstützung und zum Schutz von Minderjährigen muss aber zwingend ein Notar eingeschaltet werden.

Wenn gesundheitliche Bedenken bestehen

Testierfähig, also zur Errichtung eines Testaments rechtlich in der Lage, ist jede Person, die **geistig gesund** ist. Personen, die geisteskrank sind, unter Geistesschwäche oder Bewusstseinsstörungen leiden, sind nicht mehr testierfähig, wenn sie nicht mehr in der Lage sind, die Bedeutung und Tragweite der testamentarischen Regelung zu erkennen (§ 2229 Abs. 4 BGB). Das bedeutet aber umgekehrt nicht, dass eine Person, für die ein Betreuer bestellt ist, automatisch testierunfähig ist.

Die Testierunfähigkeit muss derjenige beweisen, der behauptet, der Erblasser sei testierunfähig gewesen. Die von der Rechtsprechung aufgestellten Hürden sind sehr hoch.

Die Testierfähigkeit ist unabhängig von dem rechtlichen **Schwierigkeitsgrad der letztwilligen Verfügung.** Eine einfache Erbeinsetzung wird nicht anders beurteilt als eine komplizierte Nachlassregelung.

Bei auf Durchblutungsstörungen beruhenden Demenzerkrankungen kann der geistige Zustand wechselhaft sein. In »guten Momenten« ist die Errichtung eines Testaments juristisch möglich. Bei chronisch verlaufenden Alzheimer-Erkrankungen ist ab einem bestimmten Schweregrad der Erkrankung die Verfassung eines Testaments ausgeschlossen. Sogenannte »lichte Momente« sind medizinisch nicht mehr möglich.

Im Zweifelsfall empfiehlt es sich, von vornherein einen Facharzt für Psychiatrie oder Neurologie zu beauftragen, die Testierfähigkeit positiv feststellen zu lassen. Das Attest eines Hausarztes bietet – gerade bei medizinischen Grenzfällen – oft keine ausreichende Sicherheit. Bei einem notariellen Testament überzeugen sich die Notare zwar von der Testierfähigkeit eines Erblassers. Allerdings sind Notare keine Mediziner. Ein Irrtum ist daher nicht ausgeschlossen.

Was gilt bei Schreib- und Leseunfähigkeit?

Hier hilft nur ein notariell beurkundetes Testament. Das ist zum Beispiel bei einer vollständigen Erblindung der Fall (Leseunfähigkeit im Sinne des § 2247 Abs. 4 BGB).

Bei einer Schreib- und Sprechunfähigkeit – zum Beispiel ausgelöst durch einen **Schlaganfall** – gilt im Prinzip dasselbe. Das körperliche Handicap steht einer Testierfähigkeit grundsätzlich nicht entgegen. Aber auch hier geht es nicht ohne notariellen Beistand.

Ein eigenhändig in Blindenschrift verfasstes Testament ist rechtlich unwirksam, weil die Urheberschaft nicht eindeutig festgestellt werden kann.

Das Führen der Hand des Erblassers ist ein absolutes Tabu!

3.3 Ohne Testierwillen kein gültiges Testament

Wer sein Testament macht, muss sich vollständig darüber im Klaren sein, was er da macht und welche rechtlichen Folgen dies hat. So stellt zum Beispiel die Erteilung einer über das eigene Ableben hinaus wirksamen Kontovollmacht keine Testamentserrichtung dar. Und auch eine bloße Absichtserklärung, ein Testament errichten zu wollen – gleich in welcher Form –, reicht deshalb für eine wirksame letztwillige Verfügung nicht aus.

» **Beispiel:** Eine Mutter verspricht in Form einer handschriftlichen Vollmacht einem ihrer Söhne, ihn zum Erben zu machen. Sie will das Ganze aber noch notariell regeln. Kommt es nicht mehr dazu, liegt mangels eines abschließend umgesetzten Testierwillens kein formgültiges Testament vor.

3.4 So macht man ein handschriftliches Testament

Testament muss eigenhändig verfasst sein

Bei einem handschriftlichen Testament sind Sie als Erblasser gezwungen, den vollständigen Text von Hand zu schreiben. Maschinenschriftlich oder am Computer verfasst ist das Testament unwirksam! Anders ist dies bei einem Notartestament. Selbst wenn eine andere Person den Text von Hand geschrieben hat, ist die Verfügung ungültig. **Ausnahme:** das gemeinschaftliche Testament.

Ebenso wenig ist es rechtlich erlaubt, einem Erblasser die Hand zu führen, auch wenn nur dadurch der erbrechtliche Wille schriftlich dokumentiert werden kann.

Ohne Unterschrift läuft gar nichts

Verwenden Sie am besten **keinerlei Abkürzungen** von Vor- und Familiennamen. Unterschreiben Sie möglichst mit vollem Vor- und Zunamen (§ 2247 Abs. 3 Satz 1 BGB).

Unterschreibt der Erblasser nicht mit seinem Namen, sondern zum Beispiel mit »Euer Vater«, ist die Verfügung aber nicht automatisch unwirksam. Hier lassen die Gesamtumstände in der Regel den Erblasser eindeutig erkennen. Lassen Sie es dennoch nicht darauf ankommen.

Setzen Sie Ihre **Unterschrift an das Ende des Textes,** also nicht seitlich und nicht über den Text. Es hat zwar schon Gerichte gegeben, die dies akzeptiert haben, aber auch darauf sollte man sich nicht verlassen. Warum, zeigt Ihnen das nachfolgende

» **Beispiel:** Eine kinderlose Erblasserin hatte in ihrem handschriftlichen Testament verschiedene Anordnungen getroffen und auf eine Liste von Erben verwiesen, die dem Testament angehängt war. Unterschrieben hatte sie nur die allgemeine Anordnung, die Erbenliste dagegen nicht. Das Nachlassgericht hatte deshalb das Testament für unwirksam erklärt, sodass die gesetzliche Erbfolge hier eintrat.

Es schadet nicht, wenn Sie sich **mit der Unterschrift Zeit lassen.** Selbst eine erst ein Jahr später erfolgte Unterzeichnung macht aus einem bislang unwirksamen Testament ein wirksames.

Bei Zweifeln an der Echtheit und Eigenhändigkeit einer letztwilligen Verfügung muss ein schriftvergleichendes Gutachten durch das Nachlassgericht eingeholt werden.

Angabe von Ort und Datum sollten nicht fehlen

Versehen Sie Ihr Testament mit Ort und Datum, selbst wenn dies nicht zwingend vorgeschrieben ist. So kommen erst gar keine Zweifel auf, wenn Sie zum Beispiel ein weiteres Testament verfassen. Das gilt insbesondere dann, wenn das eine inhaltlich vom anderen abweicht.

! Wenn Sie Ihr Testament im Ausland abfassen, gilt möglicherweise ausländisches Recht, selbst wenn Sie Deutscher sind. Deshalb spielt hier die Ortsangabe eine große Rolle.

Es spielt dagegen keine Rolle, ob Sie das Testament am Stück verfassen oder zwischen den einzelnen Abschnitten ein längerer Zeitraum liegt.

Auf Schönheit kommt es ebenfalls nicht an. Schreibpapier und Schreibstift sind nicht entscheidend. Vom edlen Büttenpapier bis hin zum Schmierzettel ist alles erlaubt. Hauptsache die Form stimmt! Dennoch besteht bei unüblichen Testamentsformen die Gefahr, dass ein Gericht zu dem Ergebnis kommt, es würde nur ein Testamentsentwurf existieren. Die Gerichte urteilen hier alles andere als großzügig.

Aufgepasst bei nachträglichen Ergänzungen

Ein Testament kann auf mehreren losen Blättern errichtet werden, wenn aus der Gesamtheit der Schriftstücke sich eine einheitliche Willenserklärung ergibt.

Nachträge müssen ebenfalls von der Unterschrift gedeckt sein. Denkbar ist, dass Sie hierfür zwischen Text und Unterschrift von vornherein genügend Platz lassen und den Nachtrag separat unterschreiben. Selbstverständlich müssen auch die Nachträge handschriftlich verfasst sein.

Sollte Ihr Testament mehrere Seiten umfassen, nummerieren Sie diese am besten. Sie können – müssen aber nicht – jede Seite unterschreiben. Wichtig ist die **Unterschrift am Schluss des Textes.**

Ganz heikel sind testamentarische Anordnungen auf einem Briefumschlag, der das Testament enthält. Wenn alles gut geht, werden diese Anordnungen zwar berücksichtigt. Ärger ist hier dennoch vorprogrammiert.

» **Beispiel:** Eine Erblasserin hatte ihr – wie sich später herausstellte – formunwirksames Testament in einen Umschlag gesteckt und darauf handschriftlich mit Unterschrift und Datum vermerkt, wer ihr Testamentsvollstrecker werden sollte. Hier hatte das Gericht zwar anerkannt, dass diese Erklärung unabhängig von der Wirksamkeit des Testamentes Gültigkeit hat. Das hatte zur Folge, dass zwar die gesetzliche Erbfolge eintrat, es aber bei der Testamentsvollstreckung blieb. Man hätte die Sache allerdings auch anders sehen können.

Der Aufbewahrungsort ist beliebig

Wo Sie Ihr eigenhändiges Testament aufbewahren, bleibt Ihnen überlassen. Sinnvoll ist es auf jeden Fall, einen Ort zu wählen, an dem es für **Hinterbliebene** leicht zu finden ist. Am besten informieren Sie die Hinterbliebenen oder eine andere Vertrauensperson über den konkreten Aufbewahrungsort.

Müssen Sie befürchten, dass Ihr Testament verschwindet, oder wollen Sie einfach nur auf Nummer sicher gehen, dass es nicht durch Zufall zum Beispiel bei der Wohnungsauflösung untergeht, empfiehlt sich die **amtliche Verwahrung.**

Hinterlegen Sie es bei einem Amtsgericht Ihrer Wahl, und Sie erhalten dafür einen Hinterlegungsschein. Diesen sollten Sie ebenfalls an einem sicheren Ort aufbewahren. Aber selbst wenn er später nicht auffindbar ist, ist das Testament in jedem Fall existent.

Seit dem 1.1.2012 gibt es ein **Zentrales Testamentsregister** bei der Bundesnotarkammer. **Konkret:** Das Standesamt des Sterbeortes benachrichtigt direkt das Zentrale Testamentsregister, das dann seinerseits das zuständige Nachlassgericht über sämtliche verwahrte Testamente und Erbverträge informiert – und das alles vollelektronisch und nicht mehr auf dem Postweg. Das geht schnell und es kann nichts mehr verloren gehen.

3.5 Diese Besonderheiten sind bei einem gemeinschaftlichen Testament zu beachten

Nur Eheleute und eingetragene Lebenspartnerschaften können ein gemeinschaftliches Testament errichten.

Eheleute und eingetragene Lebenspartnerschaften haben die Möglichkeit, handschriftlich ein gemeinsames Testament so zu errichten, dass einer von ihnen den ganzen Testamentstext niederschreibt, diesen mit Ort und Datum versieht, ihn unterschreibt und der andere danach nur noch unterschreibt (§ 2267 BGB bzw. § 10 Abs. 4 Lebenspartnerschaftsgesetz).

Der mit unterschreibende Ehegatte sollte aus Beweisgründen nicht nur seine Unterschrift daruntersetzen, sondern auch noch einen kurzen Text einfügen, diesen mit Ort und Datum versehen und erst dann unterschreiben. Hierzu reicht es zum Beispiel aus, wenn er schreibt: »Dieses Testament ist auch mein Testament.«

Umdeutung in Einzeltestament ist möglich

Ein gemeinschaftliches Testament, das der andere Ehegatte nicht unterschrieben hat, **kann in ein formgültiges Einzeltestament** umgedeutet werden. Das gilt auch bei einseitiger Testierunfähigkeit.

Aber Achtung: Umgekehrt geht das nicht. Unterschreibt diejenige Person nicht, die das Testament verfasst hat, ist die gesamte Verfügung unwirksam.

» **Beispiel:** Im entschiedenen Fall hatte die Ehefrau des Erblassers den Text für ein gemeinschaftliches Testament niedergeschrieben, aber nicht unterzeichnet. Ihr Mann hatte dagegen einen Zusatz zu dem Text, in dem es heißt: »Den Verfügungen dieses Testaments schließe ich mich an«, daruntergeschrieben und auch unterschrieben. Pech für die Frau: Die Verfügung wurde auch nicht als Einzeltestament zu ihren Gunsten anerkannt.

Ganz wichtig: Die Wechselbezüglichkeit

Die Verfügungen in einem gegenseitigen Testament **können wechselbezüglich** sein. Das heißt, es muss zwischen zwei gegenseitigen Verfügungen eine innere Abhängigkeit bestehen, sodass die eine Verfügung mit der anderen steht und fällt (§ 2270 Abs. 1 BGB). Typischer Fall: Eheleute setzen sich gegenseitig zu Alleinerben ein, die gemeinsamen Kinder sollen den Längstlebenden beerben. Ein solches Abhängigkeitsverhältnis muss für jede einzelne Verfügung gesondert festgestellt werden. Es gibt keinen Automatismus.

Beachten Sie, dass Deutschland zu den wenigen Ländern auf der Welt gehört, in dem Ehegatten ein gemeinsames Testament errichten dürfen.

Was im Scheidungsfall passiert

Im Scheidungsfall wird das gemeinsame Testament insgesamt unwirksam! Das gilt auch dann, wenn die Scheidung erst beantragt ist, der andere aber schon zugestimmt hat.

Ausnahme: Die Verfügung wäre auch so getroffen worden. Das kann zum Beispiel der Fall sein, wenn ein Kind als Erbe des Längerlebenden eingesetzt worden ist.

» **Beispiel:** Ein Ehepaar verfasst ein gemeinschaftliches Testament, in dem die Eheleute sich gegenseitig zu Erben einsetzen und nach dem Tod des Längstlebenden das gemeinsame Kind. Nach der Scheidung gerät das Testament in Vergessenheit. Der Mann stirbt zuerst, danach die inzwischen wieder verheiratete Frau. Als sie stirbt, streiten sich der neue Ehemann und das Kind, wer Erbe geworden ist. Hier kann man zugunsten des Kindes davon ausgehen, dass es Alleinerbe seiner Mutter geworden ist und dem zweiten Ehemann nur der Pflichtteil zusteht.

Wenn nicht eheliche Lebenspartner oder Verwandte ein gemeinsames Testament errichten

Unverheiratete Paare können **kein gemeinschaftliches Testament** errichten. Es spielt keine Rolle, ob die Eheschließung kurz bevorsteht. Hier bleibt nur die Möglichkeit, einen **Erbvertrag** zu schließen.

Eine **Umdeutung** eines gemeinsamen Testamentes in ein wirksames Einzeltestament scheitert meist daran, dass die Verfügung wechselbezüglich war. Anders sieht es dagegen aus, wenn die **Verfügung nicht wechselbezüglich** ist, sondern der eine den anderen auf jeden Fall zum Erben eingesetzt hätte.

» **Beispiel:** Ein Erblasser hatte einen Entwurf für ein gemeinsames Testament gemacht, in dem sich nicht verheiratete Lebensgefährten gegenseitig zu »Universalerben« einsetzen wollten und das nur von ihm unterschrieben war. Hier wurde ein wirksames Einzeltestament zugunsten der Lebenspartnerin bejaht. Allerdings war im konkreten Fall aufgrund einer früheren letztwilligen Verfügung klar, dass der Erblasser seine Lebensgefährtin auf jeden Fall zur Erbin machen wollte.

Alles in allem hängt die Wirksamkeit von derartigen Erklärungen von der Auslegung durch die Gerichte ab. Lassen Sie es nach Möglichkeit nicht so weit kommen.

Wollen Sie sich als nicht eheliche Partner gegenseitig testamentarisch begünstigen oder beerben, machen Sie deshalb jeder für sich ein Testament nach den oben aufgeführten Formvorschriften – und wenn es auch auf demselben Blatt Papier sein sollte.

3.6 So errichtet man ein notarielles Testament

Hierfür gehen Sie zu einem **Notar Ihrer Wahl.** Normalerweise erklären Sie dann dem Notar im Regelfall in einem Vorgespräch mündlich, was Sie testamentarisch geregelt haben möchten. Der Notar fasst das Ganze dann in juristisch wirksame Worte.

Ein Notar ist nicht zur Erforschung Ihrer familiären Verhältnisse verpflichtet. Möchten Sie zum Beispiel bestimmte Ziele mit Ihrer testamentarischen Regelung bewirken – wie etwa die Ausbootung missliebiger Erben –, müssen Sie dies klipp und klar zum Ausdruck bringen. Lassen Sie sich auch nicht darauf ein, dass ein Notariatsmitarbeiter das Vorgespräch mit Ihnen führt, solange es sich nicht um einen Notarassessor als amtlich bestellter Vertreter des Notars handelt.

Das Testament wird dann an das Amtsgericht **zur besonderen amtlichen Verwahrung** gegeben bzw. in Baden-Württemberg das staatliche Notariat. Seit dem 1.1.2012 kommt es in die zentrale Testamentsverwahrung.

Das Amtsgericht bzw. das Notariat erteilt dann den **Verwahrungsschein mit Verwahrungsnummer.** Diesen sollten Sie, auch wenn bei der amtlichen Verwahrung des privatschriftlichen Testamentes das Standesamt des Geburtsortes informiert wird, aus Gründen der Vereinfachung sorgfältig bei Ihren Dokumenten aufbewahren. Man kann ja nie wissen!

Sonderfall: Sie können ein schon **fertiges Testament** dem Notar offen oder verschlossen übergeben (§ 2232 BGB). Das muss dann ausnahmsweise nicht handschriftlich verfasst und unterschrieben sein. Nachteil: Sie haben hier keine Beratung, müssen aber trotzdem die vollen Notargebühren zahlen.

3.7 Das Testament in Eil- und Notfällen

Ist ein Erblasser aus gesundheitlichen Gründen (z.B. durch eine Unfallverletzung oder eine schwere Erkrankung) nicht mehr in der Lage, seinen letzten Willen eigenhändig niederzuschreiben, gibt es verschiedene Möglichkeiten, trotzdem zu testieren. Juristen sprechen von einem sogenannten »**Nottestament**«.

Ein **Notar** kann auch außerhalb seiner Diensträume und üblichen Dienstzeiten zur Niederschrift bestellt werden – selbstverständlich gegen eine etwas höhere Gebühr. Der Notar muss grundsätzlich auch am Wochenende oder außerhalb üblicher Bürozeiten erscheinen, sofern Sie ihn dann auch erreichen können. Dies wird gerade in Großstädten schwierig werden.

Kann tatsächlich ein Notar noch rechtzeitig beauftragt werden, muss von dieser Möglichkeit Gebrauch gemacht werden. Ansonsten ist das Testament unwirksam.

3.8 Das Testament mit Auslandsbezug

Am 17.8.2015 wird innerhalb der Europäischen Union die Erbrechtsverordnung in Kraft treten. Jedes EU-Mitgliedsland behält zwar bis auf Weiteres auch danach noch seine jeweiligen länderspezifischen Erbrechtsvorschriften. Bei dem Ableben eines Unionbürgers gilt aber das Erbrecht des Staates, in dem er seinen letzten **gewöhnlichen Aufenthalt** hatte.

3.9 So wird ein Testament widerrufen, geändert oder ergänzt

Sie können, wenn Sie ein Testament allein errichtet haben, dieses jederzeit ganz oder zum Teil widerrufen, ändern oder ergänzen (§ 2253 BGB). Umgekehrt gilt: Ein einmal wirksam errichtetes Testament bleibt selbst dann gültig, wenn sich die Umstände erheblich geändert haben, solange Sie es nicht widerrufen oder geändert haben.

» **Beispiel:** Der Erblasser erfährt kurz vor seinem Tod, dass er neben seinen ehelichen Kindern noch ein nicht eheliches Kind hat. Dennoch ändert er seine letztwillige Verfügung, die nur die ehelichen Kinder begünstigt, nicht. Hier bleibt es bei der testamentarischen Anordnung. Dem nicht ehelichen Kind steht deshalb nur ein Pflichtteilsanspruch zu.Überprüfen Sie regelmäßig Ihr Testament, ob es tatsächlich noch Ihrem »letzten Willen« entspricht bzw. ob sich die Rechtslage inzwischen geändert hat. Möglicherweise hat dies Auswirkungen auf Ihre bisherige Testamentsgestaltung. Beachten Sie in diesem Zusammenhang insbesondere, dass nicht eheliche Kinder, auch wenn sie vor 1949 geboren sind, nur dann erbrechtlich vollkommen gleichberechtigt sind, wenn sich der Sterbefall nach dem 28.5.2009 ereignet hat. Einem vor dem 1.7.1949 geborenen nicht ehelichen Kind bzw. dessen Abkömmlingen steht ein Erbrecht nach seinem Vater bzw. dessen Verwandten zu, wenn der Erblasser nach dem 28.5.2009 verstorben ist. Unerheblich ist, ob der Vater des nicht ehelichen Kindes oder das nicht eheliche Kind bereits vor dem 29.5.2009 verstorben ist.

In jedem Fall muss der Erblasser beim Widerruf genauso testierfähig sein wie beim ursprünglichen Abfassen. Denn der Widerruf kann nur – genauso **wie die Testamentserrichtung** – höchstpersönlich vorgenommen werden.

Beachten Sie außerdem, dass Sie ein **wechselbezügliches Ehegattentestament** nicht allein widerrufen können. Ehepartner haben nur die Möglichkeit, ihr gemeinsames Testament zusammen zu widerrufen, zu ändern oder zu ergänzen.

» **Beispiel:** Haben Sie und Ihr Ehepartner den Klassiker »Berliner Testament« zusammen abgefasst, in dem Sie sich gegenseitig zu Erben einsetzen, kann dies nur gemeinsam widerrufen werden.

Ausnahme: Sie erklären den Widerruf gegenüber einem **Notar**, der dann die Erklärung dem anderen förmlich zustellt. In diesem Fall wird die gesamte Regelung ebenfalls unwirksam. Dann ist der andere Ehegatte gewarnt, dass das gemeinsame Testament mit ziemlicher Sicherheit abgeändert werden wird, und kann selbst – wenn gewünscht – entsprechend reagieren.

Enthält das Testament eine Schlusserbeneinsetzung, nach der zum Beispiel die gemeinsamen Kinder den Längstlebenden beerben sollen, kann dieses allerdings noch nach dem Tod des Erstversterbenden geändert werden. Denn deren Einsetzung ist in der Regel nicht wechselbezüglich gemeint, sondern beruht auf dem Verwandtschaftsverhältnis. Lebt hingegen der mit dem Kind nicht verwandte Ehegatte länger, so ist er im Regelfall an einer Änderung des Testaments gehindert.

An der Wechselbezüglichkeit fehlt es erst recht, wenn andere Schlusserben als die eigenen Kinder eingesetzt worden sind (§ 2270 Abs. 2 BGB).

» **Beispiel:** Ein Ehepaar hatte in einem gemeinschaftlichen Testament die Nichte der Frau als Schlusserbin eingesetzt. Nachdem der Ehemann vorverstorben war, hatte die Frau das gemeinschaftliche Testament widerrufen und in einem späteren Einzeltestament eine andere Person als Erben eingesetzt. Hier wurde der Widerruf des gemeinschaftlichen Testamentes mangels wechselbezüglicher Verfügung als wirksam anerkannt. Denn beim Fehlen verwandtschaftlicher Beziehung zwischen dem Erstverstorbenen und dem eingesetzten Schlusserben fehlt es am »Näheverhältnis«.

Dasselbe gilt im Prinzip für die Einsetzung **karitativer Organisationen** oder **Pflegekinder.**

Wenn Sie geschieden sind oder in Scheidung leben

In diesem Fall bleibt das den anderen begünstigende Einzeltestament und auch das gemeinschaftliche Testament gültig. Erst mit Zustellung des Scheidungsantrages an einen Partner oder bei dessen Zustimmung zum Scheidungsantrag wird das Testament ungültig (§ 2277 BGB).

Wollen Sie schon vorher von dem Testament loskommen, müssen Sie dies wie oben beschrieben über einen notariellen Widerruf veranlassen. Das Testament bleibt sogar ungültig, wenn die Ex-Partner wieder heiraten.

Das Widerrufstestament nach § 2254 BGB

Sie können Ihr Testament – gleichgültig, ob Sie es eigenhändig geschrieben haben oder ob es notariell beurkundet worden ist – durch ein neues sogenanntes »Widerrufstestament« aus der Welt schaffen.

Ein notarielles Testament lässt sich sogar durch ein eigenhändig geschriebenes Testament widerrufen. Und umgekehrt kann ein eigenhändiges Testament durch ein notarielles Testament widerrufen werden. Auch ein von Ehegatten gemeinsam geschlossener notarieller Erbvertrag kann durch ein gemeinsames Ehegattentestament widerrufen werden (§ 2292 BGB).

» **Beispiel:** *»Mein Testament vom ... widerrufe ich hierdurch in seinem gesamten Inhalt.« oder: »Das in meinem Testament vom ... angeordnete Vermächtnis zugunsten meiner Nichte ... über ... widerrufe ich hiermit. Der übrige Inhalt des Testamentes bleibt bestehen.«*

Die Vernichtung des vorhandenen Testamentes nach § 2255 BGB

Sie können Ihr Testament auch einfach **zerreißen, zerschneiden, verbrennen** usw. **Aber:** Das mit Ihrem Ehegatten zusammen errichtete Testament dürfen Sie nur mit ihm zusammen vernichten.

Beachten Sie dies nicht, bleibt das Testament wirksam, auch wenn es als Urkunde nicht mehr existiert. In solchen Fällen kann dann der Inhalt, wenn es zum Prozess kommt, zum Beispiel durch Zeugenaussagen festgestellt werden. An diesen Nachweis werden aber strenge Anforderungen gestellt.

Die Rücknahme des Testamentes aus der amtlichen Verwahrung nach § 2256 BGB

Wenn Sie ein vor einem Notar beurkundetes Testament aus der Verwahrung des Amtsgerichts (in Baden-Württemberg aus der Verwahrung des staatlichen Notariats) zurücknehmen, was Sie jederzeit können, liegt darin **automatisch der Widerruf** der Verfügung. Das gilt auch dann, wenn Sie es weiterhin aufbewahren.

Anders sieht es dagegen aus, wenn Sie Ihr hinterlegtes handschriftliches Testament aus der Verwahrung nehmen. Dieses bleibt gültig!

Eine jüngere Verfügung geht nach § 2258 BGB älterer Verfügung vor

Wenn Sie ein völlig neues Testament errichten, ohne das erste ausdrücklich zu widerrufen, der Inhalt des zweiten sich aber mit dem Inhalt des ersten nicht vereinbaren lässt, gilt das erste Testament als widerrufen.

» **Beispiel:** Im ersten Testament setzen Sie Ihren Neffen A zum Alleinerben ein, im zweiten Ihren Neffen B. Hier widerspricht die zweite Verfügung der ersten; ohne dass dies ausdrücklich erwähnt wird, gilt das erste Testament damit als komplett widerrufen.

Um Klarheit zu schaffen, nehmen Sie in Ihr Testament den Satz auf: »Vorsorglich widerrufe ich hiermit alle vorher errichteten Verfügungen von Todes wegen.« Das machen auch Notare zur Sicherheit, um eindeutig festzulegen, dass nur das aktuelle Testament gelten soll.

Die Veränderung des Testamentes

Wenn Sie das Testament nur ändern wollen, indem Sie Teile durchstreichen, mit Ungültigkeitsvermerken versehen oder anders unkenntlich machen, ist nur dieser Teil widerrufen. Allerdings ist hier ein Rechtsstreit oft vorprogrammiert. Wer durch die Änderungen benachteiligt ist, wird unter Umständen behaupten, dass diese nicht vom Erblasser stammen.

Schreiben Sie das Testament besser insgesamt neu oder nehmen Sie die Änderungen in einen separaten Nachtrag auf. Dieser sollte dann allerdings mit Ort und Datum versehen sein und ist zwingend zu unterschreiben.

Auch ein Widerruf des Widerrufs ist möglich

Selbst das geht, soweit Sie sich an die oben dargestellten Spielregeln halten. In diesem Fall wird dann wieder das erste Testament wirksam (§ 2257 BGB). Es wird so behandelt, als sei es nicht widerrufen worden. Die gesetzliche Erbfolge tritt dadurch also nicht ein.

Damit keine Zweifel an Ihrem letzten Willen aufkommen, sollten Sie ausdrücklich erklären, dass das alte Testament wieder aufleben soll – oder auch nicht.

3.10 Das kostet der »Letzte Wille« beim Notar

Hinterlegung eines eigenhändigen Testaments	0,25 Gebühr
Beurkundung eines notariellen Einzeltestaments	1,0 Gebühr
Beurkundung eines gemeinschaftlichen Testaments	2,0 Gebühren
Widerruf eines gemeinschaftlichen Testaments	0,5 Gebühr

Wie hoch die Gebühr im Einzelnen ist, hängt vom Wert des Nachlasses ab, der den Geschäftswert bildet.

Zu den Gebühren kommen dann noch Kostenpauschalen für Schreibauslagen und Telefon – gegebenenfalls sogar Reisekosten nach Zeitaufwand – und die Umsatzsteuer hinzu.

Außerdem kostet die Hinterlegung im Zentralen Testamentsregister weitere € 15,–.

Geschäftswert und Gebührentabelle der Notare

Geschäfts-wert bis ... €	Gebühr ... €	Geschäfts-wert bis ... €	Gebühr ... €	Geschäfts-wert bis ... €	Gebühr ... €
€ 500,–	€ 15,–	€ 440.000,–	€ 835,–	€ 2.350.000,–	€ 3.895,–
€ 1.000,–	€ 19,–	€ 470.000,–	€ 885,–	€ 2.400.000,–	€ 3.975,–
€ 1.500,–	€ 23,–	€ 500.000,–	€ 935,–	€ 2.450.000,–	€ 4.055,–
€ 2.000,–	€ 27,–	€ 550.000,–	€ 1.015,–	€ 2.500.000,–	€ 4.135,–
€ 3.000,–	€ 33,–	€ 600.000,–	€ 1.085,–	€ 2.550.000,–	€ 4.215,–
€ 4.000,–	€ 39,–	€ 650.000,–	€ 1.175,–	€ 2.600.000,–	€ 4.295,–
€ 5.000,–	€ 45,–	€ 700.000,–	€ 1.255,–	€ 2.650.000,–	€ 4.395,–
€ 6.000,–	€ 51,–	€ 750.000,–	€ 1.335,–	€ 2.700.000,–	€ 4.455,–
€ 7.000,–	€ 57,–	€ 800.000,–	€ 1.415,–	€ 2.750.000,–	€ 4.535,–
€ 8.000,–	€ 63,–	€ 850.000,–	€ 1.495,–	€ 2.800.000,–	€ 4.615,–
€ 9.000,–	€ 69,–	€ 900.000,–	€ 1.575,–	€ 2.850.000,–	€ 4.695,–
€ 10.000,–	€ 75,–	€ 950.000,–	€ 1.655,–	€ 2.900.000,–	€ 4.775,–
€ 13.000,–	€ 83,–	€ 1.000.000,–	€ 1.735,–	€ 2.950.000,–	€ 4.855,–
€ 16.000,–	€ 91,–	€ 1.050.000,–	€ 1.815,–	€ 3.000.000,–	€ 4.935,–
€ 19.000,–	€ 99,–	€ 1.100.000,–	€ 1.895,–		
€ 22.000,–	€ 107,–	€ 1.150.000,–	€ 1.975,–		
€ 25.000,–	€ 115,–	€ 1.200.000,–	€ 2.055,–		
€ 30.000,–	€ 125,–	€ 1.250.000,–	€ 2.135,–		
€ 35.000,–	€ 135,–	€ 1.300.000,–	€ 2.215,–		
€ 40.000,–	€ 145,–	€ 1.350.000,–	€ 2.295,–		
€ 45.000,–	€ 155,–	€ 1.400.000,–	€ 2.375,–		
€ 50.000,–	€ 165,–	€ 1.450.000,–	€ 2.455,–		
€ 65.000,–	€ 192,–	€ 1.500.000,–	€ 2.535,–		
€ 80.000,–	€ 219,–	€ 1.550.000,–	€ 2.615,–		
€ 95.000,–	€ 246,–	€ 1.600.000,–	€ 2.695,–		
€ 110.000,–	€ 273,–	€ 1.650.000,–	€ 2.775,–		
€ 125.000,–	€ 300,–	€ 1.700.000,–	€ 2.855,–		
€ 140.000,–	€ 327,–	€ 1.750.000,–	€ 2.935,–		
€ 155.000,–	€ 354,–	€ 1.800.000,–	€ 3.015,–		
€ 170.000,–	€ 381,–	€ 1.850.000,–	€ 3.095,–		
€ 185.000,–	€ 408,–	€ 1.900.000,–	€ 3.175,–		
€ 200.000,–	€ 435,–	€ 1.950.000,–	€ 3.255,–		
€ 230.000,–	€ 485,–	€ 2.000.000,–	€ 3.335,–		
€ 260.000,–	€ 585,–	€ 2.050.000,–	€ 3.415,–		
€ 290.000,–	€ 535,–	€ 2.100.000,–	€ 3.495,–		
€ 320.000,–	€ 635,–	€ 2.150.000,–	€ 3.575,–		
€ 350.000,–	€ 685,–	€ 2.200.000,–	€ 3.655,–		
€ 380.000,–	€ 735,–	€ 2.250.000,–	€ 3.735,–		
€ 410.000,–	€ 785,–	€ 2.300.000,–	€ 3.815,–		

4 Das richtige Testament für Sie persönlich

4.1 Das müssen Sie wissen bevor Sie Ihr Testament aufsetzen

Können Sie überhaupt ein Testament machen?

Sind zum Beispiel **frühere Testamente vorhanden,** muss unbedingt Klarheit darüber **geschaffen werden, inwieweit diese noch gelten sollen oder nicht. Am besten ist es, wenn** Sie ein **vorhandenes Testament vollständig widerrufen** – soweit möglich – **und alles neu regeln.** Sie finden deshalb in den nächsten beiden Abschnitten bei den Testamentsgrundmustern jeweils eine entsprechende **Formulierung.**

Auch wenn Sie der Meinung sind, dass Sie noch nie ein Testament gemacht haben, sollten Sie **vorsorglich alle etwaigen Testamente widerrufen,** weil juristisch gesehen auch ein Satz in einem Brief ein Testament darstellen kann. Das gilt nämlich selbst dann, wenn Sie den Begriff »Testament« gar nicht verwendet haben. Außerdem kann ein Testament in Vergessenheit geraten, ganz zu schweigen von theoretisch denkbaren Fälschungsversuchen.

Wer soll Erbe werden?

Die **Bestimmung des oder der Erben ist der zentrale Kernpunkt** jedes Testaments. Wenn Sie die gesetzliche Erbfolge ausschließen und testamentarisch über Ihr gesamtes Vermögen verfügen wollen, müssen Sie einen oder mehrere Erben bestimmen. Der Erbe erwirbt **dann Ihr Vermögen als Ganzes,** also alle Vermögenswerte und auch die Schulden mit dem Zeitpunkt Ihres Todes (§§ 1922 BGB, §§ 1967 BGB). Der Erbe wird automatisch Eigentümer aller Vermögenswerte, ohne dass sie einzeln aufgeführt werden müssten. Diesen Vorgang nennt man **»Gesamtrechtsnachfolge«.**

Achten Sie deshalb darauf, nur diejenigen als Erben zu bezeichnen, die wirklich Ihre Rechtsnachfolger werden sollen. Wer nur einen bestimmten, nicht das wesentliche Vermögen ausmachenden Gegenstand bekommen soll, ist **nicht Erbe, sondern Vermächtnisnehmer.** Was es damit im Einzelnen auf sich hat, zeigt Ihnen unsere alphabetische Übersicht in Abschnitt IV.

Ein **Erbe muss hinreichend bestimmt** sein, andernfalls tritt die gesetzliche Erbfolge ein. Hier hatte eine Erblasserin ein nicht existentes, noch zu gründendes Heim als Erbin bezeichnet. Ergebnis der unzulässigen Erbeinsetzung: Es kam zur gesetzlichen Erbfolge, die ja eigentlich nicht gewollt war.

Dasselbe passiert, wenn man zum Beispiel **seinen Hund zum Erben** machen will. Auch Haustieren fehlt es an der »Rechtsfähigkeit«

Welche Vermögensaufteilung ist in Ihrem Fall sinnvoll?

Machen Sie sich klar, wessen Versorgung gesichert werden muss. **Schreiben Sie die infrage kommenden Personen auf einen Notizzettel,** den Sie bei der Zusammenstellung Ihres Testamentes bzw. des Testamentsentwurfs verwenden.

Wie die Versorgung im Einzelnen gesichert werden soll, hängt natürlich von Ihrem konkret zu vererbenden Vermögen ab. Die **Palette der Möglichkeiten** ist breit gestreut: Von der Eigentumsübertragung über Nutzungs- und Wohnrechte, Lebensversicherung, Zuwendung zu Lebzeiten ist alles möglich. Ganz wichtig ist dabei auch immer die Überlegung, ob bestimmte Vermögensstücke oder -teile in der Familie bleiben sollen, aus der sie kommen.

Beziehen Sie Ihre nächsten Familienangehörigen mit in die Planung ein. Auch Ihre nahen Angehörigen machen sich Gedanken über die künftige Vermögensnachfolge. Nur wenn Sie deren Vorstellungen kennen, fällt Ihnen die Abfassung des Testaments eventuell auch leichter. Das hilft außerdem Streit zu vermeiden. Besonders hilfreich ist hierbei der **Grundsatz: Gleichbehandlung der Kinder.** Wer aus welchen Gründen auch immer sich nicht daran hält, wird in der Regel heftigen Streit auslösen. Wenn aber ein Kind einen kranken Elternteil pflegt oder sonstige Dienste und Leistungen erbringt, sollte zur Abgeltung seiner besonderen Leistungen vor den anderen auch eine besondere erbrechtliche Zuwendung gemacht werden.

Haben Sie **Kinder aus einer früheren Ehe oder Beziehung**, zu denen Sie keinen Kontakt pflegen, bedenken Sie, dass diese mit großer Wahrscheinlichkeit ihre Ansprüche, zumindest was den Pflichtteil anbetrifft, einfordern werden. Kalkulieren Sie das bei der Vermögensverteilung unter Ihren Wunscherben mit ein.

Benennen Sie wenn möglich **nur einen Erben.** Erbengemeinschaften geraten bei Auseinandersetzungen meistens in Streit. In den meisten Fällen reichen zum Beispiel Vermächtnisse aus, die der Erbe aus dem Nachlass erfüllen muss.

Bei mehreren Kindern lässt sich die Erbengemeinschaft allerdings kaum vermeiden. Auf alle Fälle sollten Sie aber **klare Teilungsanweisungen** geben und jeden einzelnen Erben mit seiner **Quote** aufführen. Andernfalls laufen Sie Gefahr, dass Ihr Wille richterlich ermittelt werden muss.

Je nachdem, ob Sie verheiratet sind, Kinder haben etc., sind spezielle Testamentsformen **entsprechend Ihrer Fallkonstellation** sinnvoll. Deshalb finden Sie in den nachfolgenden Abschnitten II und III **Testamentsgestaltungen und Formulierungsbeispiele als Grundmuster,** die an der konkreten Lebenssituation orientiert sind. Verwenden Sie für Ihren Entwurf die für Sie infrage kommenden Formulierungshilfen – natürlich nur, soweit sie Ihren Wünschen entsprechen und soweit dies sinnvoll ist.

4.2 Das gemeinschaftliche Testament für Verheiratete

Ehepaare machen bevorzugt ein gemeinschaftliches Testament, sie brauchen es aber nicht. Ein **Einzeltestament geht auch.** Was den Inhalt anbetrifft, sollten Sie sich auf alle Fälle, wenn Sie verheiratet sind, trotzdem an den nachfolgenden Formulierungsbeispielen orientieren. Sie sind meistens bis auf typisch wechselbezügliche Formulierungen auch auf Ihren individuellen Lebenssachverhalt anwendbar, wie er bei Familien nun mal üblich ist.

4.2.1 Wenn Sie Kinder haben

Der Klassiker – das Berliner Testament

In dieser Fallkonstellation möchten die Ehepartner **in erster Linie den anderen Partner versorgt** wissen. Die **Kinder** sollen später das **Familienvermögen** bekommen, das heißt, was davon noch übrig ist.

Einen **neuen Ehepartner** des überlebenden Ehegatten wollen Sie dagegen im Verhältnis zu den gemeinschaftlichen Kindern nicht mehr als nötig begünstigen. Eine Pflichtteilsforderung der Kinder gegen den überlebenden Ehepartner schon beim Tod des Erstversterbenden gilt es, zu verhindern.

Welche testamentarischen Regelungen sind hier sinnvoll?

Nach wie vor beliebt – weil scheinbar so einfach – ist das sogenannte »**Berliner Testament**« (§ 2269 BGB). Dieses Modell sieht vor, dass beim Tod des erstversterbenden Ehegatten **der überlebende Ehepartner Alleinerbe** wird, also dessen gesamtes Vermögen auf den Überlebenden übergeht. Dies bedeutet gleichzeitig, dass die Kinder beim Tod des erstversterbenden Elternteils nichts erben, damit enterbt und automatisch pflichtteilsberechtigt sind. Auf den Tod des Überlebenden werden die Kinder dann zu gleichen Teilen Erben.

» **Formulierungsbeispiel (Grundfall):**

Unser Testament

Wir, die Eheleute (vollständiger Name des Ehemannes), geb. am ... in ..., und (vollständiger Name der Ehefrau), geb. ..., geb. am ... in ..., beide wohnhaft in ... errichten hiermit das nachfolgende gemeinschaftliche Testament:

I.

Wir haben am ... vor dem Standesamt in ... die Ehe geschlossen. Für jeden von uns ist dies die erste Ehe. Ein Ehevertrag besteht zwischen uns nicht. Jeder von uns ist deutscher Staatsangehöriger; eine andere Staatsangehörigkeit hatte bisher keiner von uns.

Aus unserer Ehe sind zwei Kinder hervorgegangen:
1. (Name des ältesten Kindes) ..., geb. am ... in ..., wohnhaft in ..., 2. (Name des zweiten Kindes) ..., geb. am ... in ..., wohnhaft in ....
Wir haben weder Adoptivkinder noch nichteheliche Kinder. Keiner von uns hat mit einer anderen Person einen Erbvertrag geschlossen.

II.

Alle früher etwa errichteten Verfügungen von Todes wegen widerrufen wir hiermit. Für jeden von uns soll allein das heutige Testament gelten.

III.

Der Erstversterbende von uns setzt den Überlebenden von uns zu einem unbeschränkten Alleinerben ein.

IV.

Der Überlebende von uns setzt unsere gemeinschaftlichen Kinder
1. ... 2. ...
je zur Hälfte zu seinen unbeschränkten Erben ein. Ersatzerben sind deren Abkömmlinge nach den Regeln der gesetzlichen Erbfolge.

Ort, Datum

Unterschrift des Ehepartners, der den Testamentstext eigenhändig geschrieben hat

Dies ist auch mein Testament.

Ort, Datum

Unterschrift des Ehepartners, der lediglich den vorstehenden Zusatz eigenhändig unterschrieben hat

! Ein eigenhändiges Testament muss insgesamt von Hand und von beiden Eheleuten unterschrieben sein!

Das müssen Sie zu diesem Testamentsentwurf wissen!

Nach dem vorliegenden Formulierungsbeispiel wird der Überlebende alleiniger Eigentümer des ganzen Vermögens des Erstversterbenden. Er bleibt es auch, wenn er sich **wieder verheiratet.** Damit besteht die Gefahr, dass **das Vermögen des Erstversterbenden in eine fremde Familie abwandert,** wenn der Überlebende den gemeinsamen Kindern nichts zu seinen Lebzeiten durch Schenkung zukommen lässt.

Dieser Gefahr beugen sogenannte **Wiederverheiratungsklauseln** vor. Aus diesem Grund wird das **»Berliner Testament« ohne solche Zusätze praktisch nur älteren Ehepartnern empfohlen.** Bei ihnen ist eine Wiederverheiratung des Überlebenden eher unwahrscheinlich. Andererseits kann sie bei der heutigen hohen Lebenserwartung nie ausgeschlossen werden. Wer auf Nummer sicher gehen will, fügt eine Wiederverheiratungsklausel hinzu (Wiederverheiratungsklausel).

Beim **zweiten Erbfall,** also beim Tod des Überlebenden, sollen die **gemeinsamen Kinder zu gleichen Teilen Erben** werden. Sie müssen warten, bis beide Eltern gestorben sind. Stirbt eines der Kinder vor dem überlebenden Elternteil, bewirkt die sogenannte **Ersatzerbenbestimmung**, dass die Enkel automatisch für das verstorbene Kind eintreten (Erbeinsetzung). Sie erben gemeinsam so viel, wie ihr verstorbener Elternteil geerbt hätte.

» **Beispiel:** Vor dem Tod des überlebenden Elternteils stirbt eines seiner beiden Kinder, das seinerseits zwei Kinder, also zwei Enkelkinder, hinterlässt. Diese beiden Enkelkinder treten an die Stelle des verstorbenen Elternteils als sogenannte »Ersatzerben«. Damit werden zu Erben des Überlebenden das lebende Kind zu ½ und die beiden Enkelkinder zu je ¼.

Schlägt ein Kind die Erbschaft aus, wird das ausschlagende Kind wie ein vorverstorbenes behandelt (§ 1953 BGB). Die **Ersatzerbenbestimmung** gilt dann auch für diesen Fall. **Wenn Sie keinen Ersatzerben bestimmen,** kann es Streit darüber geben, ob zum Beispiel die Enkelkinder bei Vorversterben eines der eigenen Kinder zum Zug kommen.

Selbstverständlich ist das nicht, wenn im Testament nichts dazu bestimmt worden ist. Hier gingen die Enkelkinder leer aus, weil die überlebende Ehefrau alles der noch lebenden Tochter vermachte.

Weitere **nachträgliche Änderungsmöglichkeiten** für einen Ehepartner sind beschränkt. Das Grundmodell »Berliner Testament« ist, wenn Sie nichts anderes regeln, ein **»wechselbezügliches Testament«**. Das bedeutet:

- Sie können das Testament auch zu Lebzeiten beider Ehepartner **nicht ohne Weiteres allein widerrufen.**
- Wenn Sie zu Lebzeiten beider Ehepartner von dem Testament loskommen wollen, müssen Sie den **Widerruf von einem Notar beurkunden lassen**, auch wenn das Testament privatschriftlich abgefasst wurde. Dieser notarielle Widerruf muss dem anderen Ehegatten förmlich zugestellt werden (§ 2271 BGB, § 2296 BGB). Beide zusammen können aber widerrufen.
- **Nach dem Tod des erstversterbenden Ehepartners** kann der Überlebende die **Erbeinsetzung nicht mehr widerrufen** – auch nicht durch Erklärung vor einem Notar! Diese **Erbeinsetzung ist für ihn bindend**

geworden (vgl. nachfolgende Formulierungsbeispiele). Die Bindung kann von Ihnen allerdings durch entsprechende Regelung im Testament ausgeschlossen werden. Das vorliegende Grundmuster enthält jedenfalls keine Aussage zur Bindung. Deshalb ist sie hier von Gesetzes wegen gegeben (§ 2270 Abs. 2 BGB).

Soll der überlebende Ehepartner nicht an die Erbeinsetzung der gemeinschaftlichen Kinder gebunden sein, so kann ihm im Testament gestattet werden, die **Erbeinsetzung der Kinder ganz oder teilweise abzuändern.**

Fügen Sie bei Bedarf dem obigen Formulierungsbeispiel Folgendes hinzu:

» **Formulierungsbeispiel (als Ergänzung zum Grundfall):**

Der überlebende Ehegatte ist befugt, nach dem Tod des Erstverstorbenen und nach Annahme der Alleinerbschaft die auf seinen Tod erfolgte Erbeinsetzung der gemeinschaftlichen Kinder ganz oder teilweise zu widerrufen und andere Personen zu Erben einzusetzen.

Soll der überlebende Ehepartner lediglich unter den gemeinschaftlichen Abkömmlingen die **Größe der Erbteile ändern,** aber keine anderen Personen zu Erben einsetzen können, lässt sich dies wie folgt regeln:

» **Formulierungsbeispiel (als Ergänzung zum Grundfall):**

Der überlebende Ehegatte ist befugt, nach dem Tod des Erstverstorbenen und nach Annahme der Alleinerbschaft die Höhe der Erbteile unserer gemeinschaftlichen Abkömmlinge zu ändern. Andere Personen als unsere gemeinschaftlichen Abkömmlinge kann er jedoch nicht zu Erben einsetzen.

Zeichnet sich ein Streit zwischen den Abkömmlingen nach dem Tod des überlebenden Elternteils ab, kann es ratsam sein, einen **Testamentsvollstrecker einzusetzen,** der den Nachlass verwaltet und auch die Erbauseinandersetzung vornimmt (Testamentsvollstreckungsanordnung). Die Möglichkeit, als Überlebender noch einen Testamentsvollstrecker einsetzen zu können, muss aber diesem wie folgt gestattet worden sein:

» **Formulierungsbeispiel (als Ergänzung zum Grundfall):**

Der überlebende Ehegatte ist befugt, nach dem Tod des Erstversterbenden und nach Annahme der Alleinerbschaft noch Testamentsvollstreckung zur Verwaltung und Auseinandersetzung des Nachlasses mit beliebigem Inhalt anzuordnen.

4.2.2 Wenn Sie keine Kinder haben

Alternative 1: Berliner Testament

Auf den Tod des Erstversterbenden **soll in der Regel der Überlebende alles bekommen.** Geschwister und andere Verwandte, die ohne Testament ein gesetzliches Erbrecht haben, sollen zunächst nichts bekommen. Erst auf den Tod des überlebenden Ehepartners möchten Sie verwandten oder nicht verwandten Personen etwas zukommen lassen.

Aber bedenken Sie: Falls die Eltern oder ein Elternteil von Ihnen beiden oder eines von Ihnen noch leben, können diese ihren Pflichtteil verlangen (§ 2303 BGB).

Außerdem möchten Sie vielleicht nach dem Tod des Überlebenden bestimmte **Sachen oder andere Vermögenswerte bestimmten Personen oder Einrichtungen zukommen lassen.**

Welche testamentarischen Regelungen sind hier sinnvoll?

In der Regel setzen kinderlose Ehepartner auf den Tod des Erstversterbenden den Überlebenden zum Alleinerben ein und auf den Tod des Überlebenden die Verwandten des Mannes zur Hälfte und die Verwandten der Frau zur Hälfte als Erben ein, jeweils nach den Anteilen, die diesen nach dem gesetzlichen Erbrecht zukämen. Wenn Sie sich nur gegenseitig zu Alleinerben einsetzen, überlassen Sie es dem Zufall, welche gesetzlichen Erben nach dem Tod des Längstlebenden zum Zuge kommen – zum Beispiel die Nichten und Neffen des Mannes oder der Frau.

Selbstverständlich kann auch eine gemeinnützige Institution oder ein eingetragener Verein zum Erben eingesetzt werden. In solchen Fällen wird gerne für einzelne Personen, verwandte oder nicht verwandte, Vermächtnisse ausgesetzt (Vermächtnis). **Konkret:** Einzelne Vermögensgegenstände werden nicht der Institution, sondern einem Verwandten oder einer anderen Person vermacht. Beispielsweise wird der Familienschmuck einer Nichte zugewandt. Oder ein Musikinstrument einem Patenkind.

Auch hier können Sie ein **gegenseitiges Testament in Form des »Berliner Testaments«** machen. Lesen Sie hierzu zunächst als Formulierungsbeispiel das »Berliner Testament« unter Punkt 1 durch. Anstelle der dort als Erben des Überlebenden vorgesehenen Kinder werden von Ihnen Verwandte oder andere Personen bzw. Organisationen eingesetzt.

Alternative 2: Das gegenseitige Testament

Wenn Sie sich nur gegenseitig sichern wollen, der Überlebende aber vollkommen freie Hand haben soll, reicht es, ein gegenseitiges Testament zu formulieren, das nur den Erbfall des Erstversterbenden regelt, nicht aber den Erbfall des Überlebenden.

» **Formulierungsbeispiel (Grundfall):**

Unser Testament

Wir, die Eheleute (vollständiger Name des Ehemannes), geb. am ... in ..., und (vollständiger Name der Ehefrau), geb. ..., geb. am ... in ..., beide wohnhaft in ... errichten hiermit das nachfolgende gemeinschaftliche Testament:

I.

Wir haben am ... vor dem Standesamt in ... die Ehe geschlossen. Für jeden von uns ist dies die erste Ehe. Ein Ehevertrag besteht zwischen uns nicht. Jeder von uns ist deutscher Staatsangehöriger; eine andere Staatsangehörigkeit hatte bisher keiner von uns.

Aus unserer Ehe sind keine Kinder hervorgegangen. Wir haben weder Adoptiv- noch nichteheliche Kinder. Keiner von uns hat mit einer anderen Person einen Erbvertrag geschlossen.

II.

Alle früher etwa errichteten Verfügungen von Todes wegen widerrufen wir hiermit. Für jeden von uns soll allein das heutige Testament gelten.

III.

Der Erstversterbende von uns setzt den Überlebenden von uns zu seinem unbeschränkten Alleinerben ein.

IV.

Der Überlebende von uns kann auch nach Annahme der Alleinerbschaft frei verfügen, er kann ein Testament nach seinem Belieben errichten.

Ort, Datum

Unterschrift des Ehepartners, der den Text niedergeschrieben hat

Dies ist auch mein Testament.

Ort, Datum

Unterschrift des Ehepartners, der den Zusatz geschrieben hat

! Ein eigenhändiges Testament muss insgesamt von Hand und von beiden Eheleuten unterschrieben sein!

4.2.3 Wenn Sie nach einer Scheidung wieder geheiratet haben ... und Kinder haben

In der Regel wollen Sie Ihren **neuen Ehepartner versorgen.** Deshalb ist hier die Ausgangssituation dieselbe **wie bei der Erstehe.** Folgen Sie daher den obigen Empfehlungen unter Punkt 1.

Schwieriger wird es, wenn Sie Kinder aus der neuen Ehe und/oder aus der früheren Ehe, einer von mehreren früheren Ehen haben oder wenn Ihr neuer Ehepartner seinerseits Kinder aus einer früheren Ehe oder aus mehreren früheren Ehen hat.

Die Frage, wer Schlusserbe nach dem Tod des Überlebenden werden soll, hängt davon ab, ob Sie alle Kinder, die aus der früheren Ehe und die aus der jetzigen Ehe, und auch die Ihres neuen Partners aus früheren Ehen gleich behandeln wollen. Dies wird vermutlich davon abhängen, in welchem Haushalt welche Kinder aufgewachsen sind. Und es wird davon abhängen, welche Kinder bereits versorgt sind und welche nicht. Hinzu kommt, dass in solchen Fällen die Altersunterschiede zwischen den Kindern häufig sehr groß sind und, dass die Kinder aus einer früheren Ehe von Ihrem geschiedenen Ehepartner in aller Regel ebenfalls erben werden.

Wenn Kinder aus erster Ehe vorhanden sind

Zwar kann auch hier das **Berliner Testament** das richtige sein, soweit es darum geht, den überlebenden Ehepartner zu versorgen und zu sichern.

Oft wird aber der Ehepartner, der Kinder aus einer früheren Ehe hat, diesen zumindest seinen Vermögensanteil erhalten wollen. In diesem Fall ist die **Vorerbschaft-/Nacherbschaft-Regelung sinnvoll.** Zum Vorerben wird in einem solchen Fall Ihr neuer Ehepartner eingesetzt, zu Nacherben Ihre eigenen Kinder. Der Nacherbfall würde mit dem Tod des neuen (überlebenden) Ehepartners eintreten.

›› Formulierungsbeispiel (Grundfall):

Gemeinschaftliches Testament

Wir, die Eheleute (vollständiger Name des Ehemannes), geb. am ... in ..., und (vollständiger Name der Ehefrau), geb. ..., geb. am ... in ..., beide wohnhaft in ... errichten hiermit das nachfolgende gemeinschaftliche Testament:

I.

Wir haben am ... vor dem Standesamt in ... die Ehe geschlossen. Diese Ehe ist sowohl für den Ehemann als auch für die Ehefrau die zweite Ehe; die jeweils erste Ehe ist geschieden. Ein Ehevertrag besteht zwischen uns nicht. Jeder von uns ist deutscher Staatsangehöriger; eine andere Staatsangehörigkeit hatte bisher keiner von uns. Aus unserer Ehe sind keine Kinder hervorgegangen; wir haben weder Adoptivkinder noch nichteheliche Kinder.

Aus der ersten Ehe des Ehemannes sind folgende Kinder hervorgegangen: a) ..... b) .....

Aus der ersten Ehe der Ehefrau sind folgende Kinder hervorgegangen:
a) .... b) ....

Keiner von uns hat mit einer anderen Person einen Erbvertrag geschlossen und auch nicht mit seinem früheren Ehepartner ein gemeinschaftliches Testament errichtet.

II.

Alle früher etwa errichteten Verfügungen von Todes wegen widerrufen wir hiermit. Für jeden von uns soll allein das heutige Testament gelten.

III.

1. Der Ehemann setzt als Erstversterbender von uns die Ehefrau zu seiner alleinigen befreiten Vorerbin ein. Der Nacherbfall tritt mit dem Tod der Vorerbin ein. Sollte sich die Ehefrau wieder verheiraten, so tritt der Nacherbfall mit der Wiederverheiratung ein. 2. Nacherben werden die beiden erstehelichen Kinder des Ehemannes.

a) ...., geb. am ..., in ...., wohnhaft in .... zur Hälfte b) ...., geb. am ..., in ...., wohnhaft in .... zur Hälfte.

Ersatznacherben sind deren Abkömmlinge nach den Regeln der gesetzlichen Erbfolge. Hat ein Kind keine Abkömmlinge, so wächst sein Anteil dem anderen Kind an.

IV.

Der Ehemann setzt als Überlebender von uns seine beiden erstehelichen Kinder zu Erben ein, nämlich
1) ...., geb. am ..., in ...., wohnhaft in .... zur Hälfte 2) ...., geb. am ..., in ...., wohnhaft in .... zur Hälfte.

Ersatzerben sind deren Abkömmlinge nach den Regeln der gesetzlichen Erbfolge. Hat ein Kind keine Abkömmlinge, so wächst sein Anteil dem anderen Kind an.

V.

1. Die Ehefrau setzt als Erstversterbende von uns den Ehemann zu ihrem alleinigen befreiten Vorerben ein. Der Nacherbfall tritt mit dem Tod des Vorerben ein. Sollte sich der Ehemann wieder verheiraten, so tritt der Nacherbfall mit der Wiederverheiratung ein. 2. Nacherben werden die beiden erstehelichen Kinder der Ehefrau.
a) ...., geb. am ..., in ...., wohnhaft in .... zur Hälfte b) ...., geb. am ..., in ...., wohnhaft in .... zur Hälfte.

Ersatznacherben sind deren Abkömmlinge nach den Regeln der gesetzlichen Erbfolge. Hat ein Kind keine Abkömmlinge, so wächst sein Anteil dem anderen Kind an.

VI.

Die Ehefrau setzt als Überlebende von uns ihre beiden ersteheliche Kinder zu Erben ein, nämlich
1) ...., geb. am ..., in ...., wohnhaft in .... zur Hälfte 2) ...., geb. am ..., in ...., wohnhaft in .... zur Hälfte.

Ersatzerben sind deren Abkömmlinge nach den Regeln der gesetzlichen Erbfolge. Hat ein Kind keine Abkömmlinge, so wächst sein Anteil dem anderen Kind an.

VII.

Die Verfügungen jedes von uns auf seinen Tod als Erstversterbender sind bindend. Die Verfügungen auf seinen Tod als Überlebender sind nicht bindend. Jeder Ehegatte kann also seine Anordnungen, die er als Überlebender getroffen hat, jederzeit widerrufen oder ändern.

Ort, Datum

Unterschrift des Ehegatten, der den Text geschrieben hat

Dies soll auch mein Testament sein.

Ort, Datum

Unterschrift des Ehegatten, der den Zusatz geschrieben hat.

! Ein eigenhändiges Testament muss insgesamt von Hand und von beiden Eheleuten unterschrieben sein!

Wenn Kinder aus erster und zweiter Ehe vorhanden sind

In dieser Fallkonstellation gibt es **zwei Möglichkeiten:** Entweder Sie wollen alle Ihre **Kinder gleich behandeln.** Dann müssen Sie sich für die oben stehende Variante der Vor- und Nacherbfolge entscheiden. Oder es sollen die **zweitehelichen Kinder bevorzugt** werden. Das geht dann häufig so weit, dass die erstehelichen nicht bedacht werden bzw. ausdrücklich enterbt werden. Dadurch können sie nur den Pflichtteil beanspruchen. Verwenden Sie hier ebenfalls das obige Grundmuster und ergänzen Sie gegebenenfalls die Enterbungsklausel (Enterbung). **Wichtig:** Hier ist Rechtsberatung dringend zu empfehlen.

4.2.4 Wenn Sie verwitwet waren und wieder geheiratet haben

Hatten Sie mit Ihrem verstorbenen Ehepartner ein Berliner Testament errichtet (vgl. obigen Punkt 1), können Sie jetzt die für den Fall Ihres Todes von Ihnen getroffene **Erbeinsetzung teilweise anfechten.** Das Anfechtungsrecht steht Ihnen zu, weil ein neuer Pflichtteilsberechtigter, nämlich

Ihr neuer Ehepartner, hinzugekommen ist (§ 2079 BGB, § 2281 BGB in analoger Anwendung).

Die Anfechtung führt allerdings nicht immer zur vollständigen **Unwirksamkeit des Testaments, sondern nur in Höhe des gesetzlichen Erbteils Ihres neuen Ehepartners.**

» **Beispiel:** Sie haben aus Ihrer früheren Ehe zwei gemeinschaftliche Kinder, die Sie im Berliner Testament bindend je zur Hälfte zu Ihren Erben eingesetzt haben. Nach Ihrer Wiederverheiratung leben Sie mit Ihrem neuen Ehepartner im Güterstand der Zugewinngemeinschaft, weil Sie keinen anders lautenden Ehevertrag geschlossen haben. Sie können das Testament nun innerhalb eines Jahres nach der Wiederheirat (§ 2082 BGB) anfechten mit der Begründung, bei der Errichtung des Berliner Testaments sei der neue Partner als Pflichtteilsberechtigter noch nicht vorhanden gewesen. Damit wird die von Ihnen seinerzeit getroffene Erbeinsetzung der Kinder nur in Höhe des gesetzlichen Erbteils Ihres Partners, also in Höhe von der Hälfte, unwirksam. Erben würden jetzt bei Ihrem Tod Ihr neuer Ehepartner zur Hälfte und Ihre beiden Kinder zu je ein Viertel werden. Bezüglich der frei gewordenen Hälfte können Sie aber auch ein neues Testament errichten.

Aber: War das Testament, das Sie mit Ihrem vorverstorbenen Ehemann errichtet haben, in jeder Beziehung wechselbezüglich, wird das erste Testament insgesamt ungültig (Wechselbezüglichkeit). Dies müssten Sie gegebenenfalls von einem Fachmann überprüfen lassen.

Die **Anfechtungsfrist beträgt nach der Wiederverheiratung ein Jahr** (§ 2082 BGB). Die **Anfechtungserklärung** muss vor einem Notar abgegeben und an das zuständige Nachlassgericht (Amtsgericht, in Baden-Württemberg staatliches Notariat) weitergeleitet werden (§ 2082 BGB).

Die **Anfechtungsmöglichkeit besteht nicht,** wenn in dem gemeinschaftlichen Testament darauf verzichtet wurde (Anfechtungsverzicht). Sie sehen also an diesem Beispiel, dass man es sich gut überlegen sollte, ob man **auf das Anfechtungsrecht verzichten** will oder nicht. Schließlich kann man ja nie wissen, was noch kommt!

Haben Sie Kinder aus der neuen Ehe, steht diesen Kindern, für Sie bindend, das Pflichtteilsrecht nach Ihrem Tod zu. Das heißt, dass die Kinder aus der neuen Ehe gegen die Kinder aus der ersten Ehe nur nach den Pflichtteilsrechtsregeln einen Anspruch hätten. Das wird nicht unbedingt in Ihrem Sinne sein. Warum sollten Sie nicht alle Ihre Kinder gleichermaßen bedenken wollen.

Deshalb können Sie Ihre **eigenen Verfügungen wegen der Kinder aus der zweiten Ehe nach § 2079 BGB und § 2281 BGB anfechten.** Auch hier ist die **Ein-Jahres-Frist** zu beachten. Sie beginnt mit der Geburt des jeweiligen

Kindes. Das angefochtene Testament wird damit nicht gänzlich ungültig, sondern nur bezüglich des gesetzlichen Erbteils, den das betreffende Kind hat.

Ausnahme: Das gemeinsame Testament war in jeder Beziehung wechselbezüglich (Wechselbezüglichkeit). Wenden Sie sich deswegen im Fall des Falles an einen Fachmann, der dies sicher für Sie feststellen kann. Soweit das für Sie bindend gewordene Testament durch Anfechtung ungültig wird, können Sie also ein neues Testament errichten.

Das Anfechtungsrecht wegen nachgeborener Kinder besteht ebenfalls nur, wenn im gemeinschaftlichen Testament nicht darauf verzichtet wurde. Auch in diesem Fall muss die Anfechtungserklärung notariell beurkundet sein und an das zuständige Nachlassgericht weitergeleitet werden.

! **Wichtig bei nachgeborenen nichtehelichen Kindern:** Für diese Kinder besteht ebenfalls das Anfechtungsrecht. Denn seit der **rechtlichen Gleichstellung per 1.4.1998** haben auch nichteheliche Kinder ihren Vätern gegenüber ein vollwertiges Erbrecht. Gegenüber ihren Müttern war es schon immer so.

Welche testamentarischen Regelungen sind hier sinnvoll?

Sie brauchen kein weiteres Testament zu machen; die Kinder aus der zweiten Ehe werden mit der Anfechtung später gesetzliche Erben. Zweckmäßig ist es, dies in einem Testament klarzustellen. Ihre erbrechtliche Situation ist aber jetzt so kompliziert, dass Sie sich unbedingt der Hilfe eines Anwalts oder Notars bedienen sollten.

4.3 Das Einzeltestament für Unverheiratete

4.3.1 Wenn Sie ledig und alleinstehend sind ... und keine Kinder haben

Sie können Ihr Vermögen testamentarisch zuwenden, wem Sie wollen. Ihre Eltern haben, soweit sie noch leben, allerdings ein **Pflichtteilsrecht.** Unter Umständen ist Ihnen die gesetzliche Erbfolge in dieser Situation gerade recht.

Bedenken Sie aber, dass es auch bei der Aufteilung **Ihrer Hinterlassenschaft schnell zum erbitterten Streit** kommen kann.

Welche testamentarischen Regelungen sind hier sinnvoll?

Sie können ein **Einzeltestament** machen, in dem Sie eine Person oder mehrere Personen zu Erben einsetzen. Darüber hinausgehende Regelungen dienen der bedarfsgerechten Ergänzung.

Ein gemeinschaftliches Testament zum Beispiel mit einem nichtehelichen Lebenspartner dürfen Sie dagegen nicht errichten, dies ist Ehegatten vorbehalten.

» **Formulierungsbeispiel (Grundfall):**

Mein Testament

Ich, ... (vollständiger Name), geb. am ..... in ...., wohnhaft in ...., errichte folgendes Testament:

I.

Ich bin deutsche(r) Staatsangehörige(r); eine Ehe habe ich bisher nicht geschlossen. Abkömmlinge habe ich nicht.

II.

1. Alle etwaigen früheren Verfügungen von Todes wegen widerrufe ich hiermit. Es soll nur das heutige Testament gelten. 2. Einen Erbvertrag habe ich nicht geschlossen.

III.

Als Vermächtnisse sollen erhalten

1. .... meine Münzsammlung, 2. .... mein Klavier.

Ort, Datum

Unterschrift

! Beim eigenhändigen Testament gesamten Text von Hand schreiben und unterschreiben!

Was Sie sonst noch tun können

Wenn Sie einer bestimmten Person alles zuwenden wollen und Ihre Eltern nicht auf ihren Pflichtteil verzichten wollen, können Sie dies durch **Adoption Ihres Wunscherben** erreichen. Informieren Sie sich deshalb, wie die gesetzliche Erbfolge bei Adoptierten aussieht. **Aber:** Die Adoption wird nur genehmigt, wenn eine Eltern-Kind-Beziehung entsteht.

4.3.2 Wenn Sie ledig und alleinstehend sind ... und Kinder haben

Es wird Ihr Hauptanliegen sein, Ihren Nachlass Ihren Kindern zukommen zu lassen. Hierzu bedarf es nicht einmal eines Testamentes. Ihre Kinder bekommen als Erben erster Ordnung vor allen anderen Verwandten Ihren gesamten Nachlass nach den Regeln der gesetzlichen Erbfolge.

Aber gerade, wenn Ihre **Kinder noch minderjährig** sein sollten, empfiehlt es sich, ein Testament zu machen, das insbesondere einen von Ihnen selbst ausgewählten **Vormund** vorsieht. Andernfalls übernimmt nämlich das Vormundschaftsgericht diese Aufgabe. Zwar wird dann unter den Verwandten des Kindes gesucht. Aber auch der andere Elternteil kommt infrage, was bei alleinigem Sorgerecht Ihrerseits nicht immer ganz in Ihrem Sinne sein dürfte.

Ein weiteres Problem besteht darin, den Nachlass so anzulegen, dass er unabhängig und fachlich betreut ist.

Bei mehreren Kindern sind unter Umständen Vermächtnisse sinnvoll, die vorsehen, wer den Familienschmuck oder andere wertvolle Dinge vorab bekommen soll.

Welche testamentarischen Regelungen sind hier sinnvoll?

Wichtig ist hier, die Kinder nicht nur als Erben zu benennen, die sie ohnehin sind, sondern die **Aufteilung des Nachlasses** zu regeln. In der Regel werden Sie die Aufteilung zu gleichen Teilen wählen.

Benennen Sie außerdem für minderjährige Kinder ganz konkret einen bestimmten **Vormund.** Das Vormundschaftsgericht wird auf Ihren Wunsch eingehen. Nur in Ausnahmefällen wird es davon absehen.

Benennen Sie auch konkret einen **Testamentsvollstrecker,** wenn es Ihnen darum geht, Ihr Vermögen kompetent verwalten zu lassen (Testamentsvollstreckungsanordnung).

Unter Umständen kann es auch sinnvoll sein, die Testamentsvollstreckung über die Volljährigkeit hinaus festzulegen, zum Beispiel bis zum 25. Lebensjahr. Dann haben Sie die **Finanzierung einer Berufsausbildung** in der Regel abgesichert und verhindert, dass das **Erbe durch allzu großen jugendlichen Leichtsinn vorzeitig verschleudert** wird.

» Formulierungsbeispiel (Grundfall):

Mein Testament

Ich, ... (vollständiger Name), geb. am ... in ..., wohnhaft in ..., errichte folgendes Testament:

I.

Seit meiner Geburt bin ich deutsche/r Staatsangehörige/r. Eine Ehe habe ich bisher nicht geschlossen. Ich habe zwei nichteheliche Kinder:
1. .... , geb. am ..., wohnhaft in ... 2. ...., geb. am ..., wohnhaft in ...

Adoptierte Kinder habe ich nicht. Alle früher etwa errichteten Testamente widerrufe ich hiermit. Es soll lediglich dieses heutige Testament gelten. Einen Erbvertrag habe ich nicht geschlossen.

II.

Zu meinen Erben setze ich meine zuvor genannten Kinder je zur Hälfte ein. Ersatzerben sind deren Abkömmlinge nach den Regeln der gesetzlichen Erbfolge.

III.

Sollten beide Kinder oder eines der Kinder bei meinem Tode noch minderjährig sein, so bestimme ich zum Vormund
1. für das Kind ... Herrn ..., wohnhaft in ... 2. für das Kind ... Frau ..., wohnhaft in ...

IV.

Für den Fall, dass beide Kinder oder eines von ihnen bei meinem Tode zwar volljährig sein sollte/n, das 25. Lebensjahr aber noch nicht vollendet hat/haben, ordne ich Testamentsvollstreckung an. Der Testamentsvollstrecker hat alle Rechte und Pflichten, die einem solchen nach dem Gesetz eingeräumt werden können. Er ist in der Eingehung von Verbindlichkeiten für den Nachlass nicht beschränkt.
Er soll den Nachlass bis zur Vollendung des 25. Lebensjahres des jüngsten der beiden Kinder verwalten und danach die Auseinandersetzung des Nachlasses vornehmen. Bis zu diesem Zeitpunkt kann keines der Kinder die Nachlassauseinandersetzung verlangen. Zum Testamentsvollstrecker ernenne ich Herrn ..., wohnhaft in .... Er soll die übliche Vergütung und Ersatz seiner Auslagen erhalten.

V.

Alle Ärzte, die mich bisher behandelt haben und noch behandeln werden, entbinde ich von ihrer ärztlichen Schweigepflicht, soweit dies zur Klärung meiner erbrechtlichen Verhältnisse erforderlich sein sollte.

Ort, Datum

Unterschrift

Soll der Nachlass bis zur Vollendung des 25. Lebensjahres eines erbenden Enkels verwaltet werden, so kann Ziff. IV. wie folgt lauten:
Für den Fall, dass beide Kinder oder eines von ihnen oder ein zum Ersatzerben berufenes Enkelkind bei meinem Tode zwar volljährig sein sollte/n, das 25. Lebensjahr aber noch nicht vollendet hat/haben, ordne ich Testamentsvollstreckung an. Der Testamentsvollstrecker hat alle Rechte und Pflichten, die einem solchen nach dem Gesetz eingeräumt werden können. Er ist in der Eingehung von Verbindlichkeiten für den Nachlass nicht beschränkt.

Er soll den Nachlass bis zur Vollendung des 25. Lebensjahres des jüngsten der Kinder bzw. der erbenden Enkelkinder verwalten und danach die Auseinandersetzung des Nachlasses vornehmen. Bis zu diesem Zeitpunkt kann ein Kind auch schon vorher nach Vollendung des 25. Lebensjahres eine teilweise Nachlassauseinandersetzung bezüglich seines Anteils verlangen.

Zum Testamentsvollstrecker ernenne ich Herrn ..., wohnhaft in ...

Er soll die übliche Vergütung und Ersatz seiner Auslagen erhalten.

Ort, Datum

Unterschrift

! Beim eigenhändigen Testament gesamten Text von Hand schreiben und unterschreiben!

4.3.3 Wenn Sie geschieden und alleinstehend sind... und Kinder haben

Mit der Scheidung ist das **gesetzliche Erbrecht Ihres Ehepartners erloschen** (§ 1933 BGB). Auch wenn Sie mit Ihrem Ehepartner ein gemeinschaftliches Testament oder einen Erbvertrag geschlossen haben sollten, ist diese **letztwillige Verfügung mit der Scheidung ungültig** geworden, sofern nichts anderes bestimmt war (§ 2077 BGB).

» **Beispiel:** Sie haben mit Ihrem geschiedenen Ehepartner ein »Berliner Testament« errichtet. Dieses wird mit der Scheidung hinfällig, nicht aber schon mit der häuslichen Trennung. Soll das Testament schon mit der Trennung hinfällig werden, müssen Sie es über einen Notar widerrufen lassen.

Eine etwaige »anderslautende Vereinbarung« kann unter Umständen aber auch durch Auslegung ermittelt werden.

Was Ihre Kinder anbetrifft, so sind diese Ihre gesetzlichen Erben zu gleichen Teilen (§ 1924 Abs. 4 BGB).

Selbst wenn Sie daran grundsätzlich nichts ändern wollen, möchten Sie vielleicht den einen oder anderen Gegenstand einem der Kinder zuwenden (z.B. den Familienschmuck der einzigen Tochter). Dann kommt ein **Vermächtnis** infrage.

Außerdem gibt es verschiedenste Gründe, eine letztwillige Verfügung zu machen. Sind zum Beispiel Ihre Kinder noch minderjährig, steht nach Ihrem Tod die **elterliche Sorge** für die Kinder Ihrem geschiedenen Ehepartner zu, wenn Sie bei der Scheidung das gemeinsame Sorgerecht haben bestehen lassen (§ 1680 Abs. 1 BGB).

War das **elterliche Sorgerecht auf Sie allein übertragen,** wird es nach Ihrem Tod vom Familiengericht auf den geschiedenen Ehepartner übertragen, sofern dies nicht dem Kindeswohl widerspricht (§ 1680 Abs. 2 BGB). Im Ergebnis wird der geschiedene Ehepartner auf alle Fälle das Recht haben, das ererbte Vermögen der Kinder zu verwalten.

Vergessen Sie außerdem nicht, dass **Ihr Ex-Ehepartner gesetzlicher Erbe** Ihrer gemeinsamen Kinder ist und so eines Tages an Ihr Geld kommen könnte.

Welche testamentarischen Regelungen sind hier sinnvoll?

» **Formulierungsbeispiel (Grundfall):**

Mein Testament

Ich, ... (vollständiger Name), geb. am ... in ..., wohnhaft in ..., errichte folgendes Testament:

I.

Seit meiner Geburt bin ich deutsche/r Staatsangehörige/r. Meine einzige Ehe habe ich am ... vor dem Standesamt ... geschlossen; sie wurde durch Urteil des ...gerichts ... geschieden. Die Scheidung ist rechtskräftig seit ... Aus dieser geschiedenen Ehe sind zwei Kinder hervorgegangen: 1. ...., geb. am ..., wohnhaft in ... 2. ...., geb. am ..., wohnhaft in ...

Das elterliche Sorgerecht üben mein geschiedener Mann und ich gemeinsam aus, die Kinder befinden sich derzeit noch in meinem Haushalt. Adoptierte oder nichteheliche Kinder habe ich nicht.

Alle früher etwa errichteten Testamente widerrufe ich hiermit. Es soll lediglich dieses heutige Testament gelten. Einen Erbvertrag habe ich mit niemandem geschlossen. Das gemeinschaftliche Testament, das ich mit meinem geschiedenen Mann errichtet hatte, ist von uns beiden widerrufen worden, es gilt also nicht mehr.

II.

Zu meinen Erben setze ich meine zuvor genannten Kinder je zur Hälfte ein. Ersatzerben sind deren Abkömmlinge nach den Regeln der gesetzlichen Erbfolge.

III.

Sollten beide Kinder oder eines der Kinder bei meinem Tode noch minderjährig sein und mein geschiedener Mann aus irgendwelchen Gründen das Sorgerecht für unsere Kinder nicht ausüben können oder wollen, so bestimme ich zum Vormund

1. für das Kind ... Herrn ..., wohnhaft in ... 2. für das Kind ... Frau ..., wohnhaft in ...

IV.

(Hier könnte ggf. eine Testamentsvollstreckung bis zur Vollendung des 25. Lebensjahres des jüngsten der beiden Kinder vorgesehen werden.)

Ort, Datum

Unterschrift

! Beim eigenhändigen Testament gesamten Text von Hand schreiben und unterschreiben!

Wollen Sie nicht, dass Ihr geschiedener Ehepartner nach Ihrem Tod das von Ihnen ererbte Vermögen Ihrer minderjährigen Kinder verwaltet, können Sie dieses **Vermögenssorgerecht nach § 1638 BGB ausschließen.** Eine Begründung braucht für diese Anordnung nicht gegeben zu werden. Die Kinder haben damit keinen gesetzlichen Vertreter. Sie brauchen für diese Aufgabe deshalb einen sogenannten **Ergänzungspfleger** nach § 1909 BGB, der vom Vormundschaftsgericht (Amtsgericht bzw. in Baden-Württemberg das staatliche Notariat) bestellt wird. Dann sollten Sie so formulieren:

» Formulierungsbeispiel (als Ergänzung zum Grundfall):

Bezüglich aller Vermögensgegenstände, die meine Kinder ... von mir erwerben, entziehe ich dem Vater/der Mutter das elterliche Vermögenssorgerecht. Zur Verwaltung des aus meinem Nachlass stammenden Vermögens soll Herr/Frau ... als Pfleger bestellt werden.

Der von Ihnen gegebenenfalls ausgewählte Pfleger steht unter Aufsicht des Vormundschaftsgerichts und muss diesem gegenüber immer wieder Rechenschaft ablegen. Vermögensverfügungen zulasten der Kinder sind deshalb theoretisch nicht zu befürchten.

Wenn Sie eine **Erbschaft Ihres geschiedenen Ehepartners an Ihren Vermögensteilen verhindern** wollen, ist folgende Formulierung denkbar:

» Formulierungsbeispiel (als Ergänzung zum Grundfall):

Um zu vermeiden, dass mein geschiedener Mann, ..., über den Erbgang an unseren gemeinschaftlichen Abkömmlingen Vermögen von mir erwirbt, ordne ich folgendes Herausgabevermächtnis an:

Meine Kinder und ggf. ersatzweise meine Enkelkinder haben alle Vermögensgegenstände, die sie von mir durch Erbfolge erworben haben, an ihre Abkömmlinge – entsprechend den Regeln der gesetzlichen Erbfolge berechtigt – herauszugeben, sofern bei ihrem Tod solche Gegenstände noch vorhanden sind. Stirbt ein Kind seinerseits ohne Abkömmlinge, so tritt an die Stelle dieser Abkömmlinge der andere Geschwisterteil.

Das Anwartschaftsrecht aus diesem Herausgabevermächtnis ist weder vererblich noch übertragbar.

Sollte mein geschiedener Mann im Zeitpunkt meines Todes bereits vorverstorben sein, so ist die Anordnung des Herausgabevermächtnisses gegenstandslos.

4.3.4 Wenn Sie geschieden und allein stehend sind... und keine Kinder haben

Da mit der Scheidung das gesetzliche Erbrecht Ihres Ehepartners erloschen ist und auch keine Abkömmlinge als gesetzliche Erben in Betracht kommen, kommt es darauf an, ob Ihre **Eltern und/oder Geschwister** noch leben. Diese wären dann Ihre gesetzlichen Erben. Informieren Sie sich zum besseren Verständnis über das gesetzliche Verwandtenerbrecht in unserem Beitrag zum gesetzlichen Verwandtenerbrecht. Dasselbe sollten Sie auch tun, wenn Sie weder Eltern noch Geschwister haben, aber entfernte Verwandte, die ebenfalls als gesetzliche Erben in Betracht kommen.

Beachten Sie außerdem, dass Ihre Eltern – nicht Ihre Geschwister! – ein Pflichtteilsrecht haben.

Welche testamentarischen Regelungen sind hier sinnvoll?

In dieser Fallkonstellation ist es für Sie wahrscheinlich am sinnvollsten, wenn Sie ein einfaches Testament aufsetzen, in dem Sie eine Person oder mehrere Personen als Erben einsetzen und das Ganze durch Vermächtnisse ergänzen, wenn Sie weitere Einzelpersonen oder auch einen der Erben mit bestimmten Vermögensgegenständen besonders bedenken wollen (Vermächtnis).

Als **Formulierung** können Sie das Beispiel **für Ledige** zugrunde legen und nach Bedarf ergänzen.

4.3.5 Wenn Sie verwitwet sind ... und Kinder haben

Wenn kein Testament vorhanden ist

Dann sind Sie frei, ein **Testament nach Ihren eigenen Vorstellungen** zu errichten. Die Testierfreiheit bezieht sich auch auf das von Ihrem verstorbenen Ehepartner ererbte Vermögen. Selbstverständlich müssen Sie auch immer im Auge behalten, dass Ihre Kinder Pflichtteilsrechte haben.

Wenn ein einseitiges Testament Ihres Ehepartners vorhanden ist

Dann hängt es vom Inhalt des Testamentes ab, ob Sie über das dadurch ererbte Vermögen frei verfügen können. Über Ihr eigenes Vermögen können Sie aber auch hier frei verfügen. Dasselbe gilt für Leistungen, die Sie aus einer **Lebensversicherung** erhalten haben, wenn Sie dort als Bezugsberechtigte/r benannt waren. Sie können darüber lebzeitig oder auch testamentarisch verfügen.

Wenn ein gemeinschaftliches Testament oder ein Erbvertrag existiert

Dann kommt es darauf an, ob Sie durch diese letztwillige Verfügung wie zum Beispiel beim Berliner Testament auch auf Ihren eigenen Tod schon eine Verfügung getroffen haben und dadurch gebunden sind. Wenn dies nicht der Fall ist, können Sie ein **beliebiges Testament** errichten. **Ausnahme:** Es sind Beschränkungen auferlegt zum Beispiel durch irgendwelche Auflagen. Verwenden Sie das unten stehende Formulierungsbeispiel.

Haben Sie aus einer **Lebensversicherung** Leistungen erhalten und waren Sie dort als Bezugsberechtigte/r genannt, fällt diese zwar nicht in den Nachlass. Aber die von Ihnen mitbestimmte Erbfolge bezieht sich auf alles Vermögen, das Ihnen im Zeitpunkt Ihres Todes dereinst zustehen wird. Darunter fiele auch die Lebensversicherung – immer gesetzt den Fall, das Berliner Testament ist für Sie bindend geworden und die oben genannten Ausnahmen gelten für Sie nicht.

Wenn Sie ein **Berliner Testament** mit Ihrem Ehepartner errichtet haben, sind Sie an die dort getroffenen Verfügungen gebunden. **Ausnahme:** Sie waren von der Bindung ausdrücklich befreit oder Sie haben die Ihnen im Testament zugewandte Alleinerbenstellung ausgeschlagen und können deswegen nun wieder testamentarisch frei über Ihr Vermögen verfügen (§ 2271 Abs. 2 Satz 1 BGB).

Hatten Sie mit Ihrem verstorbenen Ehepartner ein **gemeinschaftliches Testament nach dem Modell »gesetzliche Erbfolge mit Nießbrauch und Testamentsvollstreckung«**, gilt Folgendes:

- Sie bilden mit Ihren Kindern eine **Erbengemeinschaft.**
- Ihnen steht die Nutznießung am gesamten Nachlass zu. Wenn Sie außerdem als Testamentsvollstrecker/in eingesetzt worden sind, können Sie über den ganzen Nachlass lebzeitig verfügen, ausgenommen durch Schenkungen. Vom Nachlassgericht erhalten Sie erforderlichenfalls ein Testamentsvollstreckerzeugnis (§ 2368 BGB).
- Über Ihr eigenes Vermögen, das nicht zum Nachlass gehört, können Sie lebzeitig frei verfügen. Dies ist weder an die Erbengemeinschaft gefallen, noch unterliegt es dem Nießbrauch und der Testamentsvollstreckung.

» **Beispiel:** Das Einfamilienhaus, in dem die Familie gewohnt hat, ist im Grundbuch auf Sie und Ihren verstorbenen Ehepartner je hälftig eingetragen. Lediglich die Miteigentumshälfte Ihres Ehepartners befindet sich im Nachlass und wurde an Sie und die Kinder vererbt. Die Hälfte, die bisher schon Ihnen gehört hat, ist von der Erbengemeinschaft, dem Nießbrauch und der Testamentsvollstreckung nicht betroffen. Sie können über Ihren Eigentumsanteil verfügen.

- Haben Sie für den Fall Ihres Todes im gemeinschaftlichen Testament bereits Anordnungen getroffen, sind Sie allerdings daran gebunden. Ein anders lautendes Testament dürfen Sie dann nicht mehr errichten.

- **Ausnahmen von der Bindung:** Im Testament ist bestimmt, dass Sie nicht gebunden sind, oder Sie haben die Erbschaft und das Nießbrauchsvermächtnis ausgeschlagen und das Amt des Testamentsvollstreckers nicht angenommen. Dann können Sie frei über Ihr Vermögen durch Testament verfügen (§ 2271 Abs. 2 Satz 1 BGB).

Haben Sie als Bezugsberechtigte/r **aus einer Lebensversicherung Leistungen** erhalten, fällt diese Leistung nicht in den Nachlass. Aber die von Ihnen auf Ihren Tod bestimmte Erbfolge bezieht sich auf alles Vermögen, das Ihnen im Zeitpunkt Ihres Todes dereinst zustehen wird. Das gilt also auch für die Lebensversicherung bzw. was davon übrig geblieben sein wird.

Sie hatten mit Ihrem verstorbenen Ehepartner ein **gemeinschaftliches Testament nach dem Modell »Vor- und Nacherbfolge«** errichtet. Dann müssen Sie Folgendes berücksichtigen:

- Sie sind aufgrund des Testaments lediglich Vorerbe bzw. Vorerbin geworden, was im Erbschein vermerkt wird. Sie sind dadurch bei bestimmten Geschäften in Ihrer lebzeitigen Verfügungsfreiheit eingeschränkt. Diese Verfügungsbeschränkung bezieht sich aber nur auf das ererbte Vermögen, nicht auf das, was Ihnen schon bisher gehört hat.
- Enthält das Testament eine Erbenbestimmung auf Ihren Todesfall, sind Sie daran gebunden.
- **Ausnahmen von der Bindung:** Sie haben im gemeinsamen Testament etwas anderes geregelt oder Sie haben Ihr Erbe ausgeschlagen und den Pflichtteil bekommen. Dann sind Sie in Ihrer Testierfreiheit nicht mehr eingeschränkt. Sie können jetzt ein anders lautendes Testament errichten. Mit der Ausschlagung haben Sie natürlich auch nicht die Position des Vorerben/der Vorerbin erhalten.
- Haben Sie nicht ausgeschlagen und ist die Vorerbfolge eingetreten, können Sie den Nacherben deren Rechte abkaufen – gesetzt den Fall, die Nacherben machen mit. Dann haben Sie das volle Erbrecht ohne jede Einschränkung (§ 2371 ff. BGB).
- Haben Sie aus einer **Lebensversicherung** als Bezugsberechtigte/r Leistungen erhalten, fällt diese nicht in den Nachlass. Dieses Vermögen unterliegt deshalb auch nicht der Nacherbfolge und damit auch nicht den lebzeitigen Verfügungsbeschränkungen. Aber die von Ihnen auf Ihren Tod bestimmte Erbfolge bezieht sich auf alles Vermögen, das Ihnen im Zeitpunkt Ihres Todes dereinst zustehen wird, also auch auf das, was möglicherweise noch aus der Lebensversicherung übrig sein wird. Wenn das gemeinschaftliche Testament für Sie bindend geworden ist, dann bezieht sich diese Bindung auch auf die Vermögensteile aus der Lebensversicherung.

Welche testamentarischen Regelungen sind hier sinnvoll?

Falls das Testament, das Sie mit Ihrem vorverstorbenen Ehepartner errichtet hatten, für Sie bindend geworden ist, können Sie **normalerweise kein anders lautendes Testament mehr** machen. Nur in seltenen Ausnahmefällen, wenn einem Kind der Pflichtteil entzogen werden könnte, lässt sich dies noch anordnen.

Oder: Können Sie jedoch noch ein Testament errichten, weil Sie nicht an ein früheres Testament gebunden sind, so gelten alle Regeln über **Einzeltestamente,** wie sie oben erläutert wurden.

Wenn bestimmte Teile Ihres Vermögens einem Ihrer Kinder vermachen wollen – beispielsweise der Familienschmuck, der seit Generationen vererbte Flügel –, dann ordnen Sie dies ausdrücklich als **Vorausvermächtnis** an. Hier muss der Betreffende **keinen Ausgleich** an die anderen zahlen.

Soll der Begünstigte jedoch an die anderen dafür etwas zahlen, dass er einen besonderen Gegenstand erhält, dann wäre die entsprechende Testamentsbestimmung eine **Teilungsanordnung.** Um die Ausgleichszahlung ermitteln zu können, muss aber eine Schätzung erfolgen. Dies ist häufig Anlass zu Streitigkeiten, die vermieden werden können, wenn Sie keine Ausgleichsverpflichtung bestimmen und bei den Anordnungen selbst einen Ausgleich berücksichtigen, beispielsweise wenn Sie im Testament einen Ausgleichsbetrag nennen.

» Formulierungsbeispiel (als Ergänzung zum Grundfall):

1. Meine Tochter ... erhält mein goldenes mit Brillanten besetztes Collier.
2. Meine Tochter ... erhält meinen weißgoldenen Armreif und meine goldene Uhr.
3. Mein Sohn ... erhält die von meinem Vater stammende silberne Taschenuhr und den Wohnzimmerteppich »Keshan« 3,20m * 4,50m.
4. Mein Sohn ... erhält als Ausgleich vorweg einen Geldbetrag in Höhe von ..., der von heute an mit 3% über dem jeweiligen Basiszinssatz der Europäischen Zentralbank jährlich zu verzinsen ist.

4.3.6 Wenn Sie verwitwet sind ... und keine Kinder haben

Für den Fall, dass Ihr Ehepartner mit Ihnen **kein gemeinsames Testament** oder **nur ein Einzeltestament** hinterlassen hat, sind Sie vollkommen uneingeschränkt in Ihrer Testierfreiheit. Sie können Ihr gesamtes Vermögen beliebig vererben – natürlich mit der Einschränkung, dass Ihre Eltern noch leben. Diese wären pflichtteilsberechtigt.

Haben Sie mit Ihrem verstorbenen Ehepartner ein gemeinschaftliches Testament oder einen Erbvertrag errichtet, kommt es darauf an, ob Sie als Überlebender jeweils testamentarische Verfügungen auf Ihren eigenen Tod getroffen haben. Andernfalls dürfen Sie testamentarisch frei verfügen. Ansonsten gilt dasselbe wie oben in den Fällen, in denen ein Berliner Testament, ein Testament, das gesetzlich Erbfolge mit Nießbrauch und Testamentsvollstreckung **oder Vor- und Nacherbfolge vorsieht, schon existiert.**

Welche testamentarischen Regelungen sind hier sinnvoll?

Hier kommt ein **Einzeltestament** infrage, in dem Sie über Ihr Vermögen nach Gutdünken verfügen. Beschränken Sie sich aber aus Gründen der leichteren Abwicklung auf die Benennung eines **einzelnen Erben,** den Sie nach Wunsch und Bedarf mit Auflagen, Vermächtnissen usw. in die Pflicht nehmen können. Als Formulierungsbeispiel ist der **vorangehende Grundfall** geeignet.

4.3.7 Wenn Sie in nichtehelicher Lebensgemeinschaft leben ... und keine Kinder haben

Ein **gesetzliches Erbrecht gibt es hier nicht** und auch kein Pflichtteilsrecht. **Folge:** Ein **gemeinschaftliches Testament** können Sie nicht zusammen mit Ihrem Lebenspartner errichten. Diese Möglichkeit sieht das Gesetz **nur für Eheleute** vor.

Andererseits werden Sie nicht wollen, dass Ihr Lebenspartner leer ausgeht. Nicht einmal der gemeinsame Hausrat steht Ihrem Lebenspartner zu, wenn er nicht nachweisen kann, dass er an bestimmten Dingen davon das Eigentum hat.

Welche testamentarischen Regelungen sind hier sinnvoll?

Sie bzw. jeder von Ihnen kann ein **einseitiges Testament errichten** und die dabei infrage kommenden erbrechtlichen Gestaltungen anordnen. Beachten Sie dabei auch das **Pflichtteilsrecht der Eltern,** wenn diese noch leben. Allein das macht schon die Hälfte des gesamten Nachlasses aus, weil die **Eltern in dieser Fallkonstellation von Gesetzes** wegen **Ihre alleinigen Erben** wären.

Hier haben Sie die Möglichkeit, Ihre Eltern zu einem Pflichtteilsverzicht zu bewegen. Oft wird Ihnen dies aber nicht gelingen. Von vornherein mehr Sicherheit kann ein **Erbvertrag** oder können **Schenkungen zu Lebzeiten** bringen.

» **Formulierungsbeispiel (als Ergänzung zum Grundfall):**

Mein Testament

Ich, ... (vollständiger Name), geb. am ... in ..., wohnhaft in ..., errichte folgendes Testament:

I.

Seit meiner Geburt bin ich deutsche/r Staatsangehörige/r. Eine Ehe habe ich bisher nicht geschlossen; ich lebe seit ... mit Herrn/Frau ... in Lebensgemeinschaft. Adoptierte oder nichteheliche Kinder habe ich nicht.

Alle früher etwa errichteten Testamente widerrufe ich hiermit. Es soll lediglich dieses heutige Testament gelten. Einen Erbvertrag habe ich mit niemandem geschlossen.

II.

Zu meinem Alleinerben/meiner Alleinerbin setze ich meinen Lebenspartner/meine Lebenspartnerin, Herrn/Frau ..., ein. Ersatzerben werden ausdrücklich nicht benannt. Jeder von uns hat den anderen seit Jahren in privaten und beruflichen Angelegenheiten unterstützt. Diese Alleinerbeinsetzung ist Ausdruck dieser gegenseitigen Rücksichtnahme und Beistandspflicht, die jeder für den anderen empfindet.

III.

Ich bitte meine Eltern, das ihnen nach dem Gesetz zustehende Pflichtteilsrecht nicht geltend zu machen. Meinen Vermögenserwerb habe ich in wesentlichen Teilen meinem Partner .../meiner Partnerin ... mit zu verdanken.

Ort, Datum

Unterschrift

Was Sie sonst noch tun können

Eine weitere Möglichkeit besteht darin, eine **Lebensversicherung abzuschließen,** die den nichtehelichen Lebenspartner als Bezugsberechtigten nennt. Diese Summe fließt dem Überlebenden außerhalb des Nachlasses zu.

4.3.8 Wenn Sie in nichtehelicher Lebensgemeinschaft leben ... und Kinder haben

Eigene Kinder haben an jedem Elternteil ein gesetzliches Erbrecht. Insofern gilt dasselbe wie für die Fallkonstellation »ledig mit Kindern«. Andererseits wollen Sie ja auch Ihren Lebenspartner absichern und nicht vom Wohl und Wehe der Kinder abhängig machen.

Welche testamentarischen Regelungen sind hier sinnvoll?

In dieser Situation ist es sinnvoll, dem Lebenspartner ein **Vermächtnis** zu hinterlassen. Das kann zum Beispiel vorsehen, ihm **die Gegenstände des Hausrates,** ein **Wohnrecht auf Lebenszeit** in der gemeinsamen Wohnung usw. zu vermachen. Dann hat Ihr Lebenspartner den Kindern gegenüber bzw. den anderen Erben gegenüber ein Recht darauf, dass dies erfüllt wird. Auch an eine **Leibrente auf Lebenszeit** ist zu denken (Vermächtnis).

›› Formulierungsbeispiel (als Ergänzung zum Grundfall):

Mein Testament

Ich, ... (vollständiger Name), geb. am ... in ..., wohnhaft in ..., errichte folgendes Testament:

I.

Seit meiner Geburt bin ich deutsche/r Staatsangehörige/r. Ich bin und war nicht verheiratet. Seit ... lebe ich mit Frau ... /Herrn ... in nichtehelicher Partnerschaft zusammen. Aus dieser Partnerschaft sind zwei Kinder hervorgegangen:
1. .... , geb. am ..., wohnhaft in ... 2. ...., geb. am ..., wohnhaft in ...

Das elterliche Sorgerecht üben wir Eltern gemeinsam aus; eine entsprechende Sorgeerklärung haben wir gegenüber dem Jugendamt ... abgegeben. Adoptierte Kinder habe ich nicht.

Alle früher etwa errichteten Testamente widerrufe ich hiermit. Es soll lediglich dieses heutige Testament gelten. Einen Erbvertrag habe ich mit niemandem geschlossen.

II.

Zu meinen Erben setze ich meine zuvor genannten Kinder je zur Hälfte ein. Ersatzerben sind deren Abkömmlinge nach den Regeln der gesetzlichen Erbfolge.

III.

Sollten beide Kinder oder eines der Kinder bei meinem Tode noch minderjährig sein und mein Lebenspartner/meine Lebenspartnerin aus irgendwelchen Gründen das Sorgerecht für unsere Kinder nicht ausüben können oder wollen, so bestimme ich zum Vormund

1. für das Kind ... Herrn ..., wohnhaft in ... 2. für das Kind ... Frau ..., wohnhaft in ...

IV.

(Hier könnte ggf. eine Testamentsvollstreckung bis zur Vollendung des 25. Lebensjahres des jüngsten der beiden Kinder vorgesehen werden.)

V.

Meinem Lebenspartner, Herrn ..., /Meiner Lebenspartnerin, Frau ..., wende ich als Vermächtnis die mir gehörende Miteigentumshälfte an der Eigentumswohnung in ...-straße, eingetragen im Wohnungsgrundbuch von ..., Band ..., Bestandsverzeichnis Nr. 1, zu.

Das Vermächtnis dient der Sicherstellung des Wohnbedarfs meines Lebenspartners und ist Ausdruck der Beistandspflicht, die jeder für den anderen empfindet. Seit Jahren unterstützen wir uns gegenseitig in allen privaten und beruflichen Dingen.

Ort, Datum

Unterschrift

! Beim eigenhändigen Testament gesamten Text von Hand schreiben und unterschreiben!

Besondere testamentarische Anordnungen und Fallkonstellationen – eine alphabetische Übersicht

Ergänzend zu den Testamentsgrundfällen, die Sie in den beiden vorangegangenen Abschnitten finden, können Sie je nach Einzelfall und konkretem Bedarf Ihr Testament ergänzen. Soweit Sie nicht ohnehin schon durch die vorangegangenen Ausführungen auf die einzelnen Gestaltungsmöglichkeiten hingewiesen worden sind, empfiehlt es sich, die nachfolgenden Anordnungsmöglichkeiten durchzulesen. Häufig werden Sie nämlich feststellen, dass Sie mittels dieser Einzelanordnungen Ihr Testament noch stärker Ihren individuellen Bedürfnissen anpassen können.

Anfechtungsverzicht

Ehepartner, die ein bindendes **gemeinschaftliches Testament** errichten, können in ihrem Testament schon im Voraus darauf verzichten, nach § 2079 BGB anzufechten, wenn sich der Überlebende wieder verheiratet oder weitere Kinder nachgeboren werden.

! Einen solchen Verzicht sollte man sich gut überlegen, denn im Testamentsrecht ist es häufig von Vorteil, wenn man auf unvorhergesehene Veränderungen auch rechtlich noch reagieren kann. Ein Anfechtungsverzicht kommt deshalb nur in Betracht, wenn Sie absolut sicher sind, dass spätere familiäre Veränderungen keine Auswirkungen auf das Erbrecht mehr haben sollen.

Auflage

Mit der Auflage können Sie von Ihrem/Ihren Erben **ein Tun oder Unterlassen verlangen.** Beispielsweise können Sie bestimmen, wer und auf welche Weise die Grabpflege zu besorgen hat oder auch wie Ihre Beerdigung stattfinden soll. Natürlich darf nicht rechtlich Verbotenes oder Unmögliches verlangt werden. Typische Fälle sind zum Beispiel die Auflage, einen bestimmten Geldbetrag an einen gemeinnützigen Verein zu zahlen, oder einen bestimmten Gegenstand aus der Erbmasse nicht zu verkaufen usw.

Erfüllen die Erben oder Vermächtnisnehmer die Auflagen nicht von sich aus, kann die **Erfüllung** von jedem Erben, Ersatzerben oder jeder Person, selbst dem übergangenen gesetzlichen Erben, verlangt werden. Sogar Auflagen, die im öffentlichen Interesse liegen, wie zum Beispiel die Auflage, an ein Museum etwas zu spenden, können durch die zuständige Behörde erzwungen werden (§ 2194 BGB). Wer als Erblasser hier auf Nummer sicher gehen will, sollte für den Fall der Nichterfüllung der Auflage durch den Erben eine Strafe verhängen, zum Beispiel in Form der Verminderung des Erbteils. Das kann aber auch bis hin zur Enterbung gehen.

» **Formulierungsbeispiel (als Ergänzung zum Grundfall):**

Meinen Erben mache ich zur Auflage, mein Grab während der Dauer der längstmöglichen Ruhezeit, die in der betreffenden Gemeinde gewährt werden kann, zu pflegen. Sie sollen zur Sicherstellung dieser Pflege mit dem Verband der Friedhofsgärtner, der für den betreffenden Ort zuständig ist, einen Grabpflegevertrag zu den üblichen Bestimmungen abschließen.

Ausgleichsanordnung

Bei der gesetzlichen Erbfolge von Kindern und Verwandten sind nur bestimmte Zuwendungen des Erblassers auszugleichen. Für **Schenkungen** gilt das nur, wenn die Ausgleichspflicht bei der Schenkung bestimmt worden ist.

Ist dies unterblieben, besteht hierfür nur **folgende Möglichkeit:** Der Erblasser bestimmt in seinem Testament, dass die zu Lebzeiten beschenkten Abkömmlinge sich den Wert des Geschenks auf das Erbe anrechnen lassen müssen. Selbst anderen Erben, die nicht Abkömmlinge sind, kann dies angeordnet werden.

Umgekehrt kann der Erblasser testamentarisch auch bestimmen, dass der Ausgleich von Vorausempfängen nicht oder nur teilweise erfolgen soll. So kann er sogar die ursprünglich angeordnete Ausgleichspflicht durch Testament aufheben oder ändern.

Berliner Testament

Das Berliner Testament ist der typische Fall des sogenannten **wechselbezüglichen Testaments unter Ehegatten.** Das heißt, die Verfügungen beziehen sich derart aufeinander, dass sie miteinander stehen und fallen.

Beschränkung des Pflichtteils in guter Absicht

Ist ein Pflichtteilsberechtigter völlig überschuldet oder führt er einen verschwenderischen Lebenswandel, kann der Erblasser einen Testamentsvollstrecker zur Verwaltung des Pflichtteils bestimmen. Er kann auch bestimmen, dass der Pflichtteilsberechtigte lediglich Vorerbe des Pflichtteils wird (Vorerbschaft und Nacherbschaft). Nacherben werden dann die gesetzlichen Erben des Pflichtteilsberechtigten – und zwar in Höhe des Anteils, der ihnen nach den Regeln der gesetzlichen Erbfolge zusteht (§ 2338 BGB).

» Formulierungsbeispiel (als Ergänzung zum Grundfall):

Den Pflichtteil meines Sohnes ... beschränke ich aus den nachgenannten Gründen wie folgt:

Mein Sohn ... ist aus Gründen, die mir nicht bekannt sind, in Vermögensverfall geraten. Seine gesamten Einkünfte werden bis zur gesetzlichen Pfändungsfreigrenze gepfändet.

Aus diesem Grund ordne ich zur Verwaltung seines Pflichtteils Dauertestamentsvollstreckung an. Der Testamentsvollstrecker soll jeweils jährlich die Reinerträge meinem Sohn ausfolgen. Die Verwaltungsvollstreckung wird für die Lebenszeit meines Sohnes angeordnet, und zwar auch für die Zeit nach Wegfall der Pfändungen.

Zum Testamentsvollstrecker ernenne ich ... Will oder kann er das Amt nicht ausüben, so ist das zuständige Nachlassgericht ersucht, eine geeignete Person als Testamentsvollstrecker zu bestimmen.

Bestattungsanordnung

Der Erblasser kann Bestimmungen darüber treffen, wie und wo er begraben werden will. Die Kosten der Ausführung dieser Anordnung tragen die Erben. Sind vom Erblasser keine näheren Bestimmungen getroffen worden, entscheiden die nahen Angehörigen.

» Formulierungsbeispiel (als Ergänzung zum Grundfall):

Meinen Erben mache ich zur Auflage, für eine Seebestattung meiner Asche im Pazifischen Ozean zu sorgen.

Enterbung

Der Erblasser kann Personen, die nach den Regeln der gesetzlichen Erbfolge an sich erbberechtigt wären, von der Erbfolge ausschließen. Hierzu müssen **keine Gründe** angeführt werden. Auch muss im Testament **nicht ausdrücklich** von der Enterbung gesprochen werden. Es genügt, wenn der Erblasser einen **anderen als den gesetzlichen Erben benennt.** Allerdings behalten besonders nahe Verwandte trotz Enterbung ihren **Pflichtteilsanspruch.**

In besonderen Fällen darf sogar der **Pflichtteil entzogen** werden (Pflichtteilsentziehung).

Erbeinsetzung

Die Erbeinsetzung ist das eigentliche **Kernstück eines jeden Testaments.** Der Erblasser bestimmt damit, wer sein **Vermögensnachfolger** werden soll. Das kann eine einzelne Person oder können auch mehrere Personen sein. Hierbei gibt es **verschiedene Varianten:**

Die ganz einfache Einsetzung eines einzelnen oder mehrerer Erben

» **Formulierungsbeispiel (für Alleinerbeneinsetzung):**

Zu meinem unbeschränkten Alleinerben setze ich Herrn ..., wohnhaft in ..., ein.

» **Formulierungsbeispiel (für Einsetzung mehrerer Erben):**

Zu meinen Erben setze ich ein:

1. Herrn ..., wohnhaft in..., 2. Frau ..., wohnhaft in..., 3. Herrn ..., wohnhaft in ..., zu je einem Drittel.

Einsetzung von Vor- und Nacherben

Hier wendet der Erblasser sein Vermögen mindestens zwei Personen zu, die nacheinander zu Erben berufen sind (§§ 2100-2146 BGB). Wann der Übergang stattfinden soll, bestimmt der Erblasser.

» **Formulierungsbeispiel (Grundfall):**

Mein Testament

Ich setze meine Ehefrau zur alleinigen befreiten Vorerbin ein. Nacherben sind unsere gemeinschaftlichen Kinder:
1. ...., geb. am ..., wohnhaft in ... 2. ...., geb. am ..., wohnhaft in ..., je zur Hälfte.

Der Nacherbfall tritt mit der Wiederverheiratung meiner Ehefrau ein, spätestens mit ihrem Tod.

Das Nacherbenanwartschaftsrecht ist nicht vererblich, aber in der Weise übertragbar, dass es auf die Vorerbin übertragen werden kann, nicht aber auf Dritte.

Der **erste Erbe (Vorerbe) ist in seinen Verfügungsmöglichkeiten über die Erbschaft selbst rechtlich beschränkt.** Denn Sinn und Zweck dieser testamentarischen Gestaltung ist, das zu vererbende Vermögen dem Nacherben zu erhalten. Wie die Beschränkungen im Einzelnen aussehen und wie man sie modifizieren kann, können Sie unter Punkt II 1, Alternative 3 nachlesen. Hier geht es zwar um die Vor- und Nacherbschaft im Rahmen eines wechselbezüglichen Ehegattentestaments, die rechtlichen Beschränkungen gelten aber auch für Einzeltestamente.

Einsetzung von Ersatzerben

Der Erblasser bestimmt für den Fall, dass ein testamentarisch von ihm eingesetzter Erbe vor Eintritt des Erbfalls verstirbt oder aus einem anderen Grund die Erbschaft nicht antritt, eine weitere oder mehrere Personen, die an die Stelle des ursprünglichen Erben treten sollen (§§ 2096–2099 BGB).

Wie wichtig das sein kann, zeigt eine Entscheidung des »Bayerischen Obersten«. Hier hatte ein Erblasser seine Lebensgefährtin zur Erbin eingesetzt. Nachdem diese verstorben war, stritt man sich darüber, wer erben sollte. Das Kind der Lebensgefährtin oder die Geschwister des Erblassers. Das Gericht entschied zugunsten der Geschwister.

» Formulierungsbeispiel (als Ergänzung zum Grundfall):

Sollte eines meiner Kinder vor mir versterben oder die Erbschaft ausschlagen, sollen seine Kinder zu gleichen Teilen Ersatzerben sein.

Es ist darüber hinaus zu überlegen, wer erben soll, **wenn die ganze Familie bei einem Unfall ums Leben kommt.** Das gilt zumindest in Fällen, in denen es Ihnen nicht gleichgültig ist, wohin das Vermögen gelangt (gleichzeitiger Tod).

Erbeinsetzung unter einer Bedingung

Der Erblasser kann festlegen, dass der von ihm eingesetzte Erbe nur dann das Erbe antreten oder behalten darf, wenn bestimmte zukünftige Ereignisse eintreten, zum Beispiel eine bestimmte Prüfung bestanden worden ist.

» **Formulierungsbeispiel (als Ergänzung zum Grundfall):**

Mein Sohn ..... wird lediglich unter der aufschiebenden Bedingung zum Erben eingesetzt, dass er bis spätestens ...... das Magisterexamen im Fach Französisch abgelegt hat. Tritt die Bedingung nicht ein, so wird mein Sohn .... Erbe anstelle seines Bruders.

Gegenseitige Erbeinsetzung

Ehepartner können sich gegenseitig in ihrem Testament zu Erben einsetzen. Dabei ist der häufigste Fall die gegenseitige Erbeinsetzung bei Ehegattentestamenten. Dies ist allerdings auch die einzige Form des gemeinsamen Testamentes, bei der die Ehegatten einen gemeinsamen letzten Willen in einer gemeinschaftlichen Erklärung abgeben können.

Wegen der **Formalitäten** informieren Sie sich am besten noch einmal. Die bekannteste Variante der gegenseitigen Erbeinsetzung ist das sogenannte **Berliner Testament,** mit dem sich Ehepartner gegenseitig und ihre Kinder als »Schlusserben« einsetzen.

Erbengemeinschaft

Hat der Erblasser mehrere Personen als Erben benannt oder werden mehrere Personen gesetzliche Erben, bilden sie eine Erbengemeinschaft, die irgendwann auseinandergesetzt werden muss. Das heißt, der **Nachlass muss unter den Erben aufgeteilt** werden.

Als Erblasser können Sie deshalb anordnen, dass diese Teilung für eine gewisse Zeit unterbleiben soll, zum Beispiel auf Lebenszeit des überlebenden Ehepartners oder auch bis zur Volljährigkeit des jüngsten Kindes. Dies nennt man Auseinandersetzungsausschluss (§ 2044 BGB).

Mit einer **Teilungsanordnung** bestimmen Sie, welcher Miterbe bei der Erbteilung welchen Gegenstand unter Anrechnung auf seinen Erbteil erhalten soll (§ 2048 BGB). Selbst wenn Sie konkrete Vorstellungen darüber haben, wer den Familienschmuck, die Briefmarkensammlung, die wertvollen Bilder etc. bekommen soll, verändern sich die Erbquoten nicht. Die Teilungsanordnung führt nicht zu einer Änderung der wertmäßigen Beteiligung der Erben.

» **Beispiel:** Zu Ihrem Nachlass gehört ein schuldenfreies Hausgrundstück, das seit mehreren Generationen zur Familie gehört. Ihre beiden Söhne sollen zu gleichen Teilen Ihre Erben werden. Weil einer der beiden aus Gründen der Tradition das Haus der Familie erhalten möchte, ordnen Sie testamentarisch an, dass er das Haus übernehmen soll. Das Hausgrundstück hat einen Verkehrswert von € 300.000,–, der Gesamtnachlass beträgt € 400.000,–. Hier muss der traditionsbewusste Bruder den anderen in Höhe von € 150.000,– auszahlen. Und im Gegenzug muss der Miterbe der Übertragung des Alleineigentums auf seinen Bruder zustimmen.

Will der Erblasser aber gerade nicht, dass es zu einem **Ausgleich** kommt, muss er dies wiederum ausdrücklich im Testament anordnen. Man spricht hier von einem so genannten **Vorausvermächtnis** (Vermächtnis). Wie so etwas formuliert werden kann, zeigt Ihnen folgendes

» Formulierungsbeispiel (als Ergänzung zum Grundfall):

Meine Erben sind untereinander nicht ausgleichspflichtig, selbst wenn der Wert des zugewandten Gegenstandes höher oder niedriger ist als die Erbquote.

Als Erblasser können Sie auch festlegen, wie einzelne Vermögensgegenstände bewertet werden sollen, indem Sie zum Beispiel den Familienschmuck, der für die einzige Tochter vorgesehen ist, mit € 5.000,– bewerten.

Wollen sich die Erben nicht an die Teilungsanordnung halten, bleibt es ihnen überlassen, sich untereinander über eine **andere Verteilung** zu einigen. Dies kann der Erblasser wiederum verhindern, indem er festlegt, dass die **Teilungsanordnung unbedingt durchzuführen** ist. Oder: Er kann bei Nichtbeachtung die Erben auf den Pflichtteil setzen, das heißt, eine sogenannte **Strafklausel mit aufnehmen** (Auflage).

Eine **weitere Möglichkeit,** seinen »letzten Willen« gegen den Willen der Erben durchzusetzen, ist die Einsetzung eines Testamentsvollstreckers zur Durchsetzung der Teilungsanordnung (Testamentsvollstreckungsanordnung).

Gleichzeitiger Tod

Sogar der **gleichzeitige Tod der Testierenden** kann geregelt werden. Wenn zum Beispiel beide Eltern bei einem Unfall gleichzeitig sterben, sollen natürlich die Kinder sofort Erben von jedem Elternteil werden. Allerdings ist der gleichzeitige Tod beider Eltern selbst bei einem gemeinsam erlittenen Unfall selten. Auch für diesen Fall wäre es nicht sinnvoll, zuerst den Überlebenden für kurze Zeit erben zu lassen. In einem solchen Fall sollten ebenfalls die Kinder sofort beide beerben.

» Formulierungsbeispiel (als Ergänzung zum Grundfall):

Sollten wir beide gleichzeitig oder innerhalb eines Monats aufgrund derselben Ursache (bspw. eines Verkehrsunfalls) sterben, so setzt jeder von uns unsere beiden Kinder je hälftig zu seinen Erben ein. Ersatzerben sind deren Abkömmlinge nach den Regeln der gesetzlichen Erbfolge. Eine Erbfolge von uns Ehegatten aneinander scheidet in einem solchen Falle aus.

Selbst wenn es hier nicht auf die Sekunde und dieselbe Ursache ankommt, empfiehlt es sich, wie im Formulierungsbeispiel, einen Zeitraum anzugeben. Das dient der Rechtssicherheit.

Pflichtteilsentziehung

Wer als Erblasser einen missliebigen gesetzlichen Erben nicht nur enterben will, kann noch weiter gehen und auch den Pflichtteil entziehen. Dazu bedarf es allerdings einer **Begründung.** Die Pflichtteilsentziehung ist nur dann wirksam, wenn der so vollständig ausgeschlossene gesetzliche Erbe schwere Verfehlungen gegenüber dem Erblasser begangen hat und der Erblasser diese ihm nicht verziehen hat (§ 2335 BGB).

Pflichtteilsklausel

Man kann Pflichtteilsberechtigten – vor allem Kindern – einen Anreiz geben, den Pflichtteil beim Tod des ersten Elternteils nicht zu verlangen, um dem überlebenden Ehepartner den Wert des ganzen Vermögens zu erhalten. Mit der Pflichtteilsklausel werden diejenigen Kinder, die den Pflichtteil beim erststerbenden Elternteil verlangen, beim Tod des überlebenden Elternteils enterbt und erhalten dann auch nur den Pflichtteil anstelle des ihnen sonst zustehenden Erbteils.

» **Formulierungsbeispiel (als Ergänzung zum Grundfall):**

Sollte eines unserer Abkömmlinge auf den Tod des erststerbenden Ehegatten den Pflichtteil verlangen und ihn auch erhalten, so ist der betreffende Abkömmling samt seinem ganzen Stamm von der Erbfolge am überlebenden Ehegatten ausgeschlossen und erhält auch dann lediglich den gesetzlichen Pflichtteil.

Dies gilt nicht, wenn der überlebende Ehegatte damit einverstanden ist, dass der Pflichtteil verlangt wird.

Teilungsverbot

Will der Erblasser einzelne Dinge seines **Nachlasses als Ganzes erhalten** und sollen diese Dinge nicht im Rahmen der Erbauseinandersetzung verkauft oder aufgelöst werden, kann er dies für alle Erben bindend festlegen.

Ein solches Teilungsverbot, auch **Auseinandersetzungsverbot** genannt, kommt zum Beispiel bei Wirtschaftsunternehmen oder bei Grundstücken infrage. Nur aus wichtigem Grund können die Erben davon abweichen. Das Verbot kann aber nicht über die Dauer von 30 Jahren hinaus angeordnet werden (§ 2044 BGB, § 2048 BGB).

» **Formulierungsbeispiel (als Ergänzung zum Grundfall):**

Die Auseinandersetzung des Nachlasses ist bis zur Wiederverheiratung des Überlebenden von uns, längstens jedoch bis zu seinem Tod ausgeschlossen.

Aber: Die Erben können, wenn sie sich einig sind, sich trotzdem auseinander setzen. Wer dies verhindern will, sollte Testamentsvollstreckung anordnen (Testamentsvollstreckungsanordnung). **Außerdem:** Treten außergewöhnliche Umstände ein, kann ein von den Ehepartnern angeordnetes **Teilungsverbot unwirksam** werden.

» **Beispiel:** Stirbt ein an der Erbengemeinschaft beteiligtes Kind vor dem überlebenden Elternteil, wird das Teilungsverbot wirkungslos. Nach § 2042 Abs. 2 BGB, § 750 BGB liegt darin nämlich ein wichtiger Grund für das Unwirksamwerden des Auseinandersetzungsausschlusses.

Oder: Ist ein **Miterbe hoch verschuldet** und pfändet ein Gläubiger seinen Erbteil – was immer möglich ist –, wird das Teilungsverbot ebenfalls wirkungslos. Der Gläubiger kann anstelle des betreffenden Miterben die Teilung des Nachlasses verlangen (§ 2044 Abs. 1 Satz 2 BGB, § 751 Satz 2 BGB). Einen hundertprozentigen Schutz kann man also per Testament nicht erreichen.

Von Gesetzes wegen tritt das **Ende des Teilungsverbotes bei Wiederverheiratung des Überlebenden** ein. Dadurch werden ab diesem Zeitpunkt die vermögensrechtlichen Angelegenheiten zwischen Elternteil und Kindern getrennt (§ 1683 BGB).

Testamentsvollstreckungsanordnung

Damit all Ihre testamentarischen Anordnungen auch ausgeführt werden, können Sie eine Person als Testamentsvollstrecker (§ 2197 ff. BGB) betrauen. Er hat den **Nachlass zu verwalten,** alle Schulden zu begleichen, notfalls auch Nachlassgegenstände zu verkaufen und danach den Nachlass unter den Erben aufzuteilen. Sie selbst bestimmen, wer der Testamentsvollstrecker werden soll und welche Aufgaben ihm zustehen.

! Kennen Sie keine geeignete Person, die dieses Amt ausüben könnte, können Sie das Nachlassgericht bitten, eine geeignete Person auszusuchen und zu benennen.

Der Testamentsvollstrecker muss **keine besonderen juristischen Kenntnisse** besitzen. Jede **Privatperson** kann dazu ernannt werden. In der Praxis sind dies jedoch **häufig Steuerberater, Wirtschaftsprüfer, Rechtsanwälte** und **Notare.**

Je nachdem, wie Sie wollen, können sich die Rechte des Testamentsvollstreckers auf den ganzen Nachlass beziehen, auf einen Erbteil wie zum Beispiel bei einem behinderten oder hoch verschuldeten Kind, oder nur auf einen oder mehrere Nachlassgegenstände wie zum Beispiel auf ein Mietshaus.

Denkbar ist auch, dem Testamentsvollstrecker eine langjährige Verwaltung des Nachlasses, eines Erbteils oder eines Nachlassgegenstandes zu übertragen. Man spricht hier von der **Verwaltungsvollstreckung** (§ 2209 BGB).

Vermächtnis

Der oder die Erben ist bzw. sind sogenannte **Gesamtrechtsnachfolger** des Erblassers. Soll einem Dritten aus dem Nachlass ein einzelner Gegenstand zugewendet werden, ist das Vermächtnis die richtige testamentarische Anordnung hierfür. Denn das Vermächtnis begründet **einen Anspruch mit Eintritt des Erbfalls gegen den Nachlass.** Erfüllen muss den Anspruch derjenige, der nach dem Willen des Erblassers damit beschwert sein soll. Vermächtnisnehmer kann jede natürliche Person sein, aber auch eine juristische Person, etwa ein eingetragener Verein (»e.V.«) oder eine andere Organisation, wie zum Beispiel Ihre Kirchengemeinde, eine Stiftung oder eine gemeinnützige Einrichtung (§ 2147 ff. BGB).

Es besteht auch die Möglichkeit, einen **Ersatzvermächtnisnehmer** zu benennen, wenn der ursprünglich vorgesehene Vermächtnisnehmer vor Ihnen stirbt oder das Vermächtnis ausschlagen sollte. Welche Vermächtnisse es im Einzelnen gibt, zeigt die nachfolgende **Übersicht.**

Sachvermächtnis

Sie können einer verwandten oder nicht verwandten Person, die entweder Erbe wird oder auch nicht, einen Ihnen gehörenden Gegenstand als Vermächtnis zuwenden. Dieser Gegenstand kann entweder eine bewegliche Sache oder ein bebautes oder unbebautes Grundstück, auch eine Eigentumswohnung sein.

» **Beispiel:** Sie wollen Ihre Briefmarkensammlung einem Neffen zukommen lassen, der aber nicht Ihr Erbe werden soll. Oder: Ein musikbegeisterter Enkel soll Ihren ganzen Notenbestand, das Klavier und Ihre alten Schallplatten sowie die CDs erhalten. Oder: Sie leben in einer nichtehelichen Partnerschaft, Ihre Eigentumswohnung soll Ihrem Lebenspartner/Ihrer Lebenspartnerin zukommen.

Bezeichnen Sie die Person des Vermächtnisnehmers unter Angabe des Wohnortes so genau wie möglich. Er muss später vom Nachlassgericht zuverlässig benachrichtigt werden können. Und bezeichnen Sie auch den Vermächtnisgegenstand so genau wie möglich. Dann kommen keine Zweifel auf. Grundstücke und Eigentumswohnungen sind mit der genauen Grundbuchbezeichnung zu beschreiben. Holen Sie dazu eine Grundbuchabschrift beim zuständigen Grundbuchamt ein. Wie eine Vermächtnisanordnung lauten kann, zeigt Ihnen folgendes

» Formulierungsbeispiel (als Ergänzung zum Grundfall):

Im Wege des Vermächtnisses wende ich meinem Neffen, Herrn ...., wohnhaft in ..., meine gesamte Briefmarkensammlung zu.

Das Geldvermächtnis

Sie haben die Möglichkeit jemandem als Vermächtnis einen bestimmten Geldbetrag zuzuwenden. Dieser Betrag kann unverzinslich sein oder auch verzinslich, um die Geldentwertung aufzufangen. Das Geldvermächtnis kann sich der Höhe nach auch an dem Wert des Nachlasses orientieren.

Beispielsweise können Sie anordnen, dass das Vermächtnis 5% Ihres dereinstigen Nachlasses betragen soll. Dann müssen Sie unbedingt angeben, ob sich der Prozentsatz auf den Nachlass vor Abzug der Schulden oder nach Abzug der Schulden bemisst.

Auch Geldvermögen darf zugewendet werden, beispielsweise Guthaben auf bestimmten Bankkonten, Bausparguthaben oder Wertpapiere auf einem bestimmten Depot. Hierfür sollten Sie den Vermächtnisgegenstand unter Angabe der Konto- beziehungsweise Depotnummer so genau wie möglich angeben. Dann kommt es auch hier nicht zu Zweifeln und Verwechslungen.

» Formulierungsbeispiel (als Ergänzung zum Grundfall):

Meinem Sohn ... wende ich als Vermächtnis alle Wertpapiere zu, die im Zeitpunkt meines Todes sich in meinem Depot Nr. ... bei der ... Bank befinden werden.

Das Pflegevergütungsvermächtnis

Werden Sie von einer – verwandten oder nicht verwandten – Person ohne besondere Gegenleistung gepflegt, kommt ein sogenanntes **Pflegevergütungsvermächtnis** in Betracht. Das kann zum Beispiel ein bestimmter Geldbetrag, ein Gegenstand oder ein Bankguthaben oder Ähnliches sein.

» Formulierungsbeispiel (als Ergänzung zum Grundfall):

Meine Enkelin, Frau ...., geboren am ...., wohnhaft in ...., pflegt mich in aufopferungsvoller Weise seit .... Sie erhält dafür bisher von mir keine Entlohnung. Als Vermächtnis wende ich ihr zur Abgeltung ihrer Tätigkeit einen Geldbetrag zu. Die Höhe beträgt 40% dessen, was eine fremde hauptberufliche Kraft als Bruttolohn für dieselbe Tätigkeit erhalten hätte. Im Streitfall soll die Höhe des Geldbetrages von Herrn Steuerberater ...., wohnhaft in ...., festgesetzt werden.

! **Wichtig für Heimbewohner:** Ein Vermächtnis zugunsten einer Heimpflegeperson ist möglich (§ 14 Heimgesetz).

Das Rentenvermächtnis

Einer Person, die auf laufende Geldmittel angewiesen ist, können Sie eine Rente für bestimmte Zeit oder auf Lebenszeit zuwenden. Wollen Sie eine Anpassung der Rentenhöhe entsprechend der Geldentwertung, müssen Sie genau angeben, in welcher Weise eine Kaufkraftanpassung erfolgen soll und ab welchen Zeitpunkten. Erkundigen Sie sich wegen der **verschiedenen Anpassungsmöglichkeiten** bei einem Rechtsanwalt, Notar oder Steuerfachmann.

Das Schuldenerlassvermächtnis

Schuldet Ihnen jemand einen Geldbetrag oder eine andere Leistung, können Sie ihm diese Schuld durch Vermächtnis erlassen.

» **Beispiel:** Sie haben einem Freund in einer Notsituation einen Geldbetrag geliehen, den er noch nicht zurückgezahlt hat. Testamentarisch können Sie durch ein Vermächtnis ihm diese Schuld erlassen.

Das Nießbrauchsvermächtnis

Wollen Sie einer Person nicht das Eigentum einer Sache zukommen lassen, sondern nur die **Nutzung für eine gewisse Zeit** oder lebenslang, kommt ein Nießbrauchsvermächtnis infrage. Dem Begünstigten steht dann lediglich die Nutzung zu. Über den Gegenstand selbst kann er nicht verfügen. Allerdings hat der Nießbraucher nach der gesetzlichen Regelung auch die laufenden Unterhaltungskosten des betreffenden Gegenstandes zu tragen wie zum Beispiel die Grundsteuer beim Grundstück.

Ein Nießbrauch kann einem Vermächtnisnehmer an unterschiedlichen Vermögenswerten eingeräumt werden.

» **Beispiel:**

- An einem unbebauten oder bebauten Grundstück. Der Nießbraucher kann das Grundstück dann entweder selbst nutzen oder es vermieten bzw. es verpachten und die Miete bzw. die Pacht für sich vereinnahmen und verbrauchen.
- An einem Bankguthaben. Dem Nießbraucher stehen dann die Zinsen zu.
- An einem ganzen Vermögen, etwa einem Nachlass, an einem Unternehmen oder an einer Unternehmensbeteiligung etwa an einem GmbH-Anteil. Dem Nießbraucher stehen dann die darauf entfallenden Gewinnanteile zu.

Wird der Nießbrauch an einem Grundstück bestellt, muss das Ganze ins **Grundbuch** eingetragen werden. Der Nießbrauch steht dem Begünstigten längstens auf Lebenszeit zu. Spätestens mit dem Tod des Nießbrauchers erlischt das Recht. Im Gesetz ist geregelt, welche Lasten der Nießbraucher zu tragen hat und welche der Eigentümer (§ 1043 BGB). Sie können natürlich auch von dieser gesetzlichen Regelung abweichen und andere Anordnungen treffen.

Das Wohnungsrechtsvermächtnis

Anstelle des Eigentums oder eines umfassenden Nießbrauchsrechts können Sie jemandem auch das Recht vermachen, in einer bestimmten Wohnung oder in bestimmten Räumen einer Wohnung eine gewisse Zeit oder lebenslang wohnen zu dürfen (§ 1093 BGB).

Dieses Wohnungsrecht muss bei dem betreffenden Gebäudegrundstück **im Grundbuch eingetragen** werden. Hier muss der Wohnungsberechtigte dann die laufenden Aufwendungen bezahlen. Dies lässt sich aber auch anders regeln, wenn Sie wollen. Das Recht endet spätestens mit dem Tod des durch dieses Vermächtnis Begünstigten.

Das Nachvermächtnis

Der Erblasser kann anordnen, dass ein bestimmter Gegenstand für eine gewisse Zeit einer bestimmten Person zusteht, die diesen Gegenstand nach dem Ablauf ihrer Berechtigung an eine andere Person, den Nachvermächtnisnehmer, übertragen und herausgeben muss. Der Vorteil dieser Anordnung besteht darin, dass dadurch in vielen Fällen die **Nachteile der Vor- und Nacherbschaft abgemildert** werden (Erbeinsetzung).

» **Beispiel:** Eine Wiederverheiratungsklausel wird in einem Testament nicht in Form der Vor- und Nacherbschaft konstruiert, sondern durch das Nachvermächtnis. Der sich wieder verheiratende Überlebende soll alles, was er aus dem Nachlass des erstverstorbenen Ehegatten erhalten hat, an die gemeinschaftlichen Kinder als Nachvermächtnis herausgeben.

Hausratsvermächtnis

Ein Ehepartner erhält den Hausrat nur, wenn er gesetzlicher Erbe wird (§ 1932 BGB). Ein nichtehelicher Lebenspartner hat darauf überhaupt keinen Anspruch. Wenn Sie dem Überlebenden Ihren Hausrat zukommen lassen wollen, geht das mit einem Hausratsvermächtnis.

Formulieren Sie zum Beispiel: ».... bekommt als Vorausvermächtnis den gesamten Hausrat und den Pkw.«

Vermögensverwaltung für ein minderjähriges Kind

Normalerweise wird das Vermögen eines minderjährigen Kindes von dessen gesetzlichen Vertretern, zum Beispiel den Eltern oder bei Scheidung der Eltern von nur einem Elternteil, verwaltet. Will der Erblasser das nicht, darf er die Verwaltung durch testamentarische Anordnung in andere Hände legen. In diesem Fall wird bis zur Volljährigkeit der Kinder das Vermögen durch einen Pfleger verwaltet, der vom Vormundschaftsgericht überwacht wird. Diese Person kann der Erblasser selbst testamentarisch bestimmen oder dem Gericht zur Auswahl überlassen (§ 1638 BGB, § 1803 BGB).

Als Erblasser haben Sie die Möglichkeit, einen Elternteil von der Verwaltung auszuschließen. Hier bleibt dann die Verwaltung des ererbten Vermögens bei dem anderen Elternteil.

Vollmachtserteilung

Als Erblasser haben Sie das Recht, testamentarisch oder außerhalb eines Testaments zu bestimmen, dass nach Ihrem Tod eine bestimmte Person im Namen der Erben handeln soll. Die Erben dürfen aber jederzeit diese Bevollmächtigung widerrufen. Wollen Sie gerade dies ausschließen, geht das. Das darf aber wiederum nicht dazu führen, dass dies praktisch zu einer Umgehung der Erbfolge führt. Dann wäre die **Vollmacht nichtig.**

Wenn die Vollmacht für die Übertragung eines Grundstücks erteilt werden soll (sogenannte Auflassungsvollmacht), muss diese auf jeden Fall notariell beurkundet sein. Sie gibt dann dem Erben oder Vermächtnisnehmer, der ein Grundstück erhalten soll, die Möglichkeit, das Grundstück auf sich zu übertragen, ohne dass die übrigen Erben dabei mitwirken müssen.

Andere Vollmachten, die ebenfalls für nahe Angehörige und Erben eines Verstorbenen wichtig sind, wie zum Beispiel die Kontovollmacht, sollte man besser außerhalb des Testaments erteilen.

Wechselbezüglichkeit

Die **Wechselbezüglichkeit** stellt sicher, dass ein Ehepartner, der das Vermögen vom Erstversterbenden geerbt hat, dieses nicht an fremde Personen (z.B. einen zweiten Ehepartner) weitervererbt, sondern »in der Familie lässt«. Es muss zwischen den Verfügungen eine innere Abhängigkeit bestehen. Das heißt, sie müssen miteinander stehen und fallen.

Widerruf und Änderung eines früheren Testaments

Aus Gründen der Sicherheit sollten Sie als Erblasser in jedem Testament festlegen, dass die früher getroffenen letztwilligen Verfügungen durch die jetzige ganz oder in Teilen geändert beziehungsweise außer Kraft gesetzt werden.

Wiederverheiratungsklausel

Häufig möchte gerade der begütertere Ehepartner, dass der andere als Überlebender nicht durch Wiederheirat das **Erbe in fremde Hände** kommen lässt. Dies lässt sich durch die sogenannte Wiederverheiratungsklausel verhindern. Aber auch in einem Einzeltestament lässt sich eine derartige Klausel aufnehmen. Wie die lauten könnte, zeigt das nachfolgende

» Formulierungsbeispiel (als Ergänzung zum Grundfall):

Sollte sich meine Ehefrau, die ich zur Alleinerbin eingesetzt habe, wieder verheiraten, so hat sie alles, was sie aus meinem Nachlass erlangt hat und im Zeitpunkt der Wiederverheiratung noch vorhanden sein wird, als Herausgabevermächtnis an meine Abkömmlinge herauszugeben. Meine Abkömmlinge sind Vermächtnisnehmer nach den Regeln der gesetzlichen Erbfolge bezogen auf den Zeitpunkt meines Todes. Das Anwartschaftsrecht meiner Abkömmlinge aus diesem Vermächtnis ist weder vererblich noch übertragbar.

5 Der Pflichtteil: Wer kann was fordern?

5.1 Wer darf den Pflichtteil fordern?

Ein Erblasser darf im Grundsatz mit seinem Hab und Gut machen, was er will. **Ausnahme:** Ein bestimmter Kreis naher Angehöriger behält einen Mindestanspruch an dem Nachlass (»**Pflichtteil**«), gleichgültig wen der Erblasser zu seinem Erben einsetzt. Pflichtteilsberechtigt sind:

- die Abkömmlinge des Erblassers (Kinder, Enkel, Urenkel etc. einschließlich nicht ehelicher Kinder, soweit die verwandtschaftliche Beziehung durch Vaterschaftsanerkennung oder Feststellungsklage sicher ist, und Adoptivkinder bzw. deren Abkömmlinge),
- der Ehegatte des Erblassers, soweit die Ehe zum Todeszeitpunkt noch bestanden hat, und
- die Eltern des Erblassers, wenn keine Abkömmlinge vorhanden sind.

Geschwister sind nicht pflichtteilsberechtigt. Enkel bekommen nur etwas, wenn deren Mutter oder Vater, also Tochter oder Sohn des Erblassers,

- vorverstorben ist,
- die Erbschaft ausgeschlagen hat (§ 1953 BGB),
- für erbunwürdig erklärt wurde,
- den Pflichtteil wirksam entzogen bekommen hat oder
- einen Erb- und Pflichtteilsverzicht für sich, nicht aber für weitere Abkömmlinge wie zum Beispiel für die Enkel erklärt hat.

5.2 Was muss ein Pflichtteilsberechtigter wissen?

Wenn eine Enterbung im Raum steht

Jeder Erblasser darf ohne Angabe von Gründen seine gesetzlichen Erben durch Testament oder Erbvertrag enterben (§ 1938 BGB). Persönliche Motive brauchen nicht nachvollziehbar zu sein. Gleichgültig ist, ob die Enterbung in einem notariell beurkundeten oder in einem privatschriftlichen Testament enthalten ist (§ 2231 BGB). Die Enterbung muss auch nicht ausdrücklich erfolgen. Häufig besteht sie schlicht darin, dass eine bestimmte Person einseitig bevorzugt wird.

» Beispiel:

- Eltern machen ein »Berliner Testament«, wonach sie sich gegenseitig zu Alleinerben und ihre beiden gemeinsamen Kinder je hälftig zu Erben des Überlebenden einsetzen. In einem solchen Testament werden zwei Erbfälle geregelt. Beim Tod des erstversterbenden Elternteils werden die eigentlich als gesetzliche Miterben vorgesehenen Kinder enterbt (sogenannte »konkludente Enterbung«). Gesetzliche Erben wären in diesem Fall der überlebende Elternteil und die beiden Kinder. Jedes Kind könnte nach dem Tod des erstversterbenden Elternteils gegen den überlebenden Elternteil Pflichtteilsansprüche geltend machen.

- Erblasser E ist verwitwet. Er hinterlässt zwei eheliche Kinder und ein (nach dem 1.7.1949 geborenes) nicht eheliches Kind. In einem gültigen Testament hat er die beiden ehelichen Kinder je hälftig zu seinen Erben eingesetzt. Damit ist das nicht eheliche Kind enterbt. Nach den Regeln des gesetzlichen Erbrechts wären alle drei Kinder zu je einem Drittel gesetzliche Erben (§ 1924 BGB). Anstelle des gesetzlichen Erbrechts bekommt das nicht eheliche Kind einen Pflichtteilsanspruch gegen die beiden ehelichen Kinder.
- Der unverheiratete und kinderlose Erblasser E, dessen Eltern noch leben, setzt seine Lebensgefährtin zur testamentarischen Alleinerbin ein. Nach dem Gesetz wären beide Eltern gesetzliche Erben (§ 1925 BGB). Sie haben somit Pflichtteilsansprüche gegen die Lebensgefährtin (§ 2303 BGB).

Wenn Sie die Erbschaft ausschlagen … weil die Erbschaft beschränkt ist

Wer als Pflichtteilsberechtigter an sich Erbe geworden ist, die Erbschaft aber ausschlägt, hat normalerweise keinen Pflichtteilsanspruch. Anders sieht es aus, wenn die **Erbschaft beschränkt oder beschwert** war. Typische Fälle sind die Beschwerung eines pflichtteilsberechtigten Erben mit Vermächtnissen oder die Beschränkung mit einer Testamentsvollstreckung oder Auflagen. In einem solchen Fall kann der pflichtteilsberechtigte Erbe die Erbschaft innerhalb der Ausschlagungsfrist ausschlagen und den Pflichtteil verlangen (§ 2306 BGB).

» Beispiel:

- Erblasser E vererbt seinen beiden Söhnen als sein einziges Vermögen das gemeinsame Elternhaus mit der Auflage, es nicht zu verkaufen. Bruder A bevorzugt Bargeld, schlägt die Erbschaft aus und verlangt von Bruder B nun zu Recht seinen Pflichtteil. Den Pflichtteil hat derjenige zu zahlen, der anstelle des A Erbe wird.
- Erblasser E vererbt seinen beiden Kindern sein gesamtes Vermögen, wendet aber seiner Lebensgefährtin ein lebenslanges Wohnungsrecht in seinem Haus zu. Hier kann jedes Kind für sich die Erbschaft ausschlagen und den Pflichtteil verlangen. Erben werden hier die sogenannten Ersatzerben, gegenüber denen dann die Pflichtteilsansprüche geltend zu machen sind.

Weiter zählen zu den Belastungen die testamentarische oder erbvertragliche Einsetzung des pflichtteilsberechtigten Erben als Vor- oder Nacherbe und Teilungsanordnungen, bei denen der Erblasser vorgibt, wie der Nachlass aufgeteilt werden soll.

! Wer trotz des belasteten Erbteils die Erbschaft nicht innerhalb der für ihn geltenden Frist ausschlägt, muss alle Belastungen hinnehmen. Er muss beispielsweise auch alle Vermächtnisse erfüllen, selbst wenn diese alles aufzehren und ihm nicht einmal der Wert seines Pflichtteils bleibt. In dieser Situation muss der pflichtteilsberechtigte Erbe also innerhalb der Ausschlagungsfrist entscheiden, ob er die Belastungen akzeptiert oder stattdessen das Erbe ausschlägt.

Wer sogar laut letztwilliger Verfügung mit einem Erbteil oder Vermächtnis bedacht wurde, das geringer ist als der ihm an sich zustehende Pflichtteil, sollte die Erbschaft bzw. das Vermächtnis annehmen und dann den sogenannten **Restpflichtteil** von den Haupterben verlangen.

Das gilt bei Eheleuten in der Zugewinngemeinschaft

Wenn Eheleute im gesetzlichen Güterstand der Zugewinngemeinschaft gelebt haben, kann der überlebende Ehepartner den Pflichtteil verlangen, wenn er die Erbschaft ausschlägt. Vorausgesetzt, er ist gesetzlicher und nicht testamentarischer Erbe geworden (§ 1371 Abs. 3 BGB).

5.3 So hoch ist der Pflichtteil

Der Pflichtteilsanspruch ist immer ein **reiner Geldanspruch**, unabhängig davon, ob zum Beispiel auch ein Hausgrundstück zum Nachlass gehört. Die Höhe des Betrags wird in **mehreren Schritten** errechnet.

So ermitteln Sie die Quote ... für Abkömmlinge und Eltern des Erblassers

Zunächst muss der **gesetzliche Erbanspruch** der pflichtteilsberechtigten Person ermittelt werden. Dabei schließt auch hier der nähere Verwandte die entfernteren Verwandten aus. Steht die gesetzliche Erbquote fest, wird diese **durch zwei geteilt** und das ergibt die Pflichtteilsquote.

» **Beispiel:**

- Der verwitwete Erblasser E hinterlässt als einziges Kind eine Tochter, die ihrerseits zwei Kinder hat. In einem Testament hat er die Universität Heidelberg zur Alleinerbin eingesetzt. Weder die Tochter noch die Enkel werden im Testament erwähnt. Ohne Testament wäre die Tochter gesetzliche Alleinerbin: Sie zählt zu den Erben erster Ordnung (§ 1924

Abs. 1 BGB). Ihr Pflichtteil beträgt wertmäßig die Hälfte ihres gesetzlichen Erbteils, also 50% des Nachlasswertes. Verlangt die Tochter den Pflichtteil von der Universität Heidelberg, so verbleiben der Universität – wertmäßig – nur 50% des Nachlasses.

- Im Fall des vorhergehenden Beispiels ist die Tochter des Erblassers E bereits vor E gestorben. In diesem Fall wären die gesetzlichen Erben die beiden Enkelkinder je zur Hälfte, da sie zum Kreis der Erben erster Ordnung gehören und nicht durch einen (mit dem Erblasser) näher verwandten Abkömmling von der Erbschaft ausgeschlossen sind. Der Pflichtteilsanspruch beträgt hier je ¼, nämlich die Hälfte von der Hälfte. Insgesamt für beide Enkelkinder zusammen also die Hälfte des Nachlasswertes, sodass der Alleinerbin, der Universität Heidelberg, wiederum nur 50% des Nachlasswertes verbleiben.

! Auch Abkömmlinge, die im Zeitpunkt des Erbfalls zwar gezeugt, aber noch nicht geboren waren, haben einen Pflichtteilsanspruch (§ 1923 Abs. 2 BGB).

So ermitteln Sie die Quote ... für den Ehegatten des Erblassers

Entscheidend ist hier der jeweilige Güterstand der Ehegatten. Die Pflichtteilsquote erhalten Sie, indem Sie den gesetzlichen Erbteil halbieren.

Im **Güterstand der Zugewinngemeinschaft** gilt allerdings eine **Besonderheit:** Ab dem Tod des Ehegatten wird der Zugewinn in der Regel pauschal ausgeglichen. Das heißt, der gesetzliche Erbteil des überlebenden Ehegatten wird noch einmal um ein Viertel erhöht (§ 1371 Abs. 1 BGB). Berechnet man danach den Pflichtteilsanspruch, spricht man vom **»großen Pflichtteil«**. Berechnet man den Pflichtteilsanspruch ohne das Erhöhungsviertel, spricht man vom **»kleinen Pflichtteil«**.

Den großen Pflichtteil gibt es, wenn der Erblasser den überlebenden Ehegatten nicht ganz ausgeschlossen hat, das Zugewendete aber wertmäßig unter dem bleibt, was er als Pflichtteil sonst beanspruchen könnte.

» **Beispiel:** Erblasser E hinterlässt Frau und zwei Kinder. Der Nachlasswert beträgt € 100.000,–. Nach dem Testament des Erblassers sollen seine Witwe € 10.000,– und seine Kinder den Rest erben. Der gesetzliche Erbteil der überlebenden Ehefrau hätte die Hälfte der Erbschaft betragen (¼ als gesetzlicher Erbteil + ¼ als pauschalierter Zugewinnausgleich). Der Pflichtteil beträgt also ¼ des Erbes. Vom Nachlass in Höhe von € 100.000,– stünden ihr somit € 25.000,– zu. Davon muss sie sich allerdings aufgrund des Testamentes € 10.000,– abziehen lassen. Ihr Pflichtteilsanspruch gegen die Kinder beträgt somit nur € 15.000,– (§ 2305 BGB).

Wäre die Witwe überhaupt nicht bedacht worden, stünde ihr nur der kleine Pflichtteil zu. Die Witwe hätte dann nur einen Anspruch auf ein Achtel der Erbschaft, also auf € 12.500,– (§ 1371 Abs. 2 BGB).

Aber: Wenn dem überlebenden Ehegatten nur der kleine Pflichtteil zusteht, kann der konkret errechnete »Zugewinnausgleich« ergänzend dazu verlangt werden. Das ist die sogenannte **güterrechtliche Lösung**.

» **Beispiel:** Der kinderlose Erblasser E lebt seit Jahren getrennt von seiner Ehefrau. Er hat daher einen Radsportverein zum Alleinerben eingesetzt, ohne F irgendetwas zuzuwenden. In diesem Fall erhält F die konkret berechnete Zugewinnausgleichsforderung und den kleinen Pflichtteil (§ 1371 Abs. 2 BGB).

5.4 So ermitteln Sie den Wert des Erbes

Als Pflichtteilsberechtigter dürfen Sie Auskunft verlangen

Um den konkreten Pflichtteilsanspruch beziffern zu können, müssen Sie den genauen Wert des Nachlasses kennen. Deshalb gibt das Gesetz dem Pflichtteilsberechtigten einen Auskunftsanspruch gegen den oder die Erben (§ 2314 BGB).

Erteilt wird die Auskunft durch ein Verzeichnis über die Nachlassgegenstände und die Nachlassschulden. Auch Schenkungen des Verstorbenen während der letzten zehn Jahre und alle Schenkungen an den Ehegatten gehören dazu, ebenso alle ausgleichungs- und anrechnungspflichtigen Zuwendungen an andere Pflichtteilsberechtigte.

Der Pflichtteilsberechtigte kann zusätzlich verlangen, an der Aufstellung des Verzeichnisses beteiligt zu werden – unter Umständen unter Hinzuziehung einer Amtsperson wie zum Beispiel eines Notars. Bei Zweifeln an der Richtigkeit kann sogar eine **eidesstattliche Versicherung des Erben** gefordert werden. Er muss dann versichern, dass das Verzeichnis vollständig ist.

Welche Nachlassgegenstände werden berücksichtigt?

Alle aktiven Vermögensposten und alle Verbindlichkeiten, die den Nachlass betreffen, müssen auf den **Stand am Todestag** des Erblassers festgestellt werden **(Stichtagsprinzip)**. Hierzu werden alle geldwerten Nachlassgegenstände berücksichtigt.

Abgezogen werden:

- der Voraus des überlebenden Ehegatten,
- Schulden (z.B. Kontoüberziehung, Darlehensschuld oder nicht bezahlte Einkommensteuer),

- die Zugewinnausgleichsforderung, soweit sie geltend gemacht wird,
- Kosten, die mit dem Erbfall zusammenhängen (z.B. Beerdigungskosten).

Nicht abgezogen werden:

- der sogenannte Dreißigste,
- Vermächtnisse und Auflagen, Pflichtteilsansprüche,
- Pflichtteilsansprüche von anderen Pflichtteilsberechtigten und
- Erbschaftsteuern.

Ebenfalls nicht in den Nachlass fallen **Lebensversicherungen** und **Bausparverträge**, für die eine **bezugsberechtigte Person** benannt ist. Bei kreditsichernden Lebensversicherungen (z.B. zur Hausfinanzierung) dagegen wird der darlehensdeckende Teil Bestandteil des Nachlasses.

Wie wird der Wert der einzelnen Nachlassgegenstände errechnet

Normalerweise werden die einzelnen Nachlassgegenstände mit ihrem Verkehrswert zum Todestag des Erblassers angesetzt **(Stichtagsprinzip)**. Das bedeutet im Einzelnen:

- Bei Immobilien ist der Verkehrswert durch Schätzung (Sachverständigengutachten) zu ermitteln. Wird ein Grundstück zeitnah zum Erbfall veräußert, zählt unter Umständen der Verkaufserlös und nicht der Schätzwert. Das gilt unabhängig davon, ob der Verkaufserlös höher oder niedriger als der Schätzwert ist, und zwar bis zu drei Jahre nach dem Erbfall. Selbst wenn der Erbe Kopien des notariellen Kaufvertrags vorlegt, ist eine Schätzung erforderlich.
- Bewegliche Sachen, wie etwa Schmuck oder wertvolle Bilder, werden mit ihrem Marktwert (Verkaufswert) angesetzt. Als Schätzer kommen zum Beispiel öffentlich bestellte Versteigerer in Betracht.
- Bei Wertpapieren ist der mittlere Tageskurs am Todestag maßgeblich.
- Bei Geldforderung gilt der Nominalbetrag zum Todestag.
- Handelsunternehmen, Gesellschaftsbeteiligungen und Praxen von Freiberuflern werden mit ihrem wirklichen Wert unter Anwendung betriebswirtschaftlicher Bewertungsmethoden angesetzt.

5.5 Wenn der Erblasser sein Vermögen verschenkt hat

Schenkungen an den Pflichtteilsberechtigten

Wendet der Erblasser schon zu Lebzeiten dem Pflichtteilsberechtigten Vermögenswerte zu, kann das dessen Pflichtteilsanspruch schmälern (§ 2315 BGB).

Aber: Nicht jede freiwillige Zuwendung ist auf den Pflichtteil anzurechnen. Der Erblasser muss die Anrechnung vielmehr bestimmt haben – und zwar entweder vor der Zuwendung oder bei der Zuwendung. Später geht es nicht mehr – auch nicht per testamentarischer Anordnung! Ausnahme: Wenn der Pflichtteilsberechtigte in einem notariellen Vertrag einer nachträglichen Anrechnung zustimmt.

Da solche Vermögensverschiebungen in der Praxis häufig formlos vollzogen werden, ist man hier als Erbe schnell in Beweisschwierigkeiten.

Diese Schwierigkeiten lassen sich vermeiden. Halten Sie als Erblasser schriftlich fest, wenn die Zuwendung auf den Pflichtteil angerechnet werden soll. Die Anrechnungsbestimmung muss aber unbedingt dem Pflichtteilsberechtigten bekannt gemacht werden. Andernfalls gibt es keine Anrechnung. Eine **Gegenzeichnung** wäre hier am sichersten.

Handelt es sich um ein Grundstück, das zugewendet werden soll, ist es ohnehin erforderlich, die Anrechnungsbestimmung gleich in den Notarvertrag mit aufzunehmen.

Für Zuwendungen, die ohne Notar sofort vollzogen werden können (z.B. Geld- und Aktienschenkungen, Erlass einer Darlehensschuld), gilt der Verkehrswert der Zuwendung zum Zeitpunkt der Übertragung. Ist der Wert nicht ohne Weiteres feststellbar, sollten Sie ihn in den Zuwendungsvertrag aufnehmen.

» **Beispiel:** Mein Sohn S hat heute 50 X-Aktien mit dem Nennbetrag von je € 100,–, verwahrt bei der Bank AG, Mannheim, unter Depot-Nummer YZ, von mir geschenkt bekommen.

Die Schenkung ist auf einen etwaigen Pflichtteil des S oder eines an seine Stelle tretenden Pflichtteilsberechtigten an meinem Nachlass **mit dem heutigen Verkehrswert von € 650,–** je Aktie, also mit insgesamt € 32.500,–, anzurechnen (zusätzlich einer Anpassung an die Kaufkraft gemäß der Rechtsprechung).

Wir sind uns über den Rechtsübergang mit sofortiger Wirkung einig und werden bei der verwahrenden Bank die Umschreibung unverzüglich veranlassen.

Der Kaufkraftschwund wird ebenfalls berücksichtigt. Dazu gibt es eine entsprechende Formel:

Wert zum Zeitpunkt der Zuwendung x
Index zum Zeitpunkt des Erbfalls :
Index zum Zeitpunkt der Zuwendung =
anzurechnender Wert

Maßgeblich ist der Verbraucherindex für Deutschland. Den jeweiligen Index erfahren Sie beim Statistischen Bundesamt unter der Service-Nummer 0611/75 1 oder unter www.destatis.de für das jeweilige Jahr.

Wie wird die Anrechnung durchgeführt?

Der indexierte Wert der Zuwendung wird zum Nachlass hinzugerechnet. Von dem so erhöhten Nachlasswert wird der Pflichtteil entsprechend der Quote errechnet und der zuvor dem Nachlass hinzuaddierte Betrag vom Pflichtteil wieder abgezogen.

» **Beispiel:** Der Wert des reinen Nachlasses des Erblassers E beträgt im Jahr des Erbfalls € 100.000,–. Der einzige Sohn S ist enterbt. Er hat 20 Jahre vor dem Erbfall Aktien zum Kurswert von € 32.500,– geschenkt bekommen mit der Bestimmung, die Schenkung sei auf den Pflichtteil anzurechnen. Hier wird wie folgt gerechnet:

Nachlass	€ 100.000,–
zuzüglich Wert der Schenkung an S	€ 32.500,–
insgesamt	€ 132.500,–
Pflichtteil des S = ½	€ 66.250,–
abzüglich Wert der Schenkung	€ 32.500,–
Pflichtteilsanspruch	€ 33.750,–

Hier aus Gründen der Vereinfachung ohne die vorzunehmende Kaufkraftanpassung des Schenkungswerts.

Schenkungen an Abkömmlinge zulasten des Pflichtteilsberechtigten

Wenn Abkömmlinge zu Lebzeiten vom Erblasser bereits Zuwendungen erhalten haben, die aufgrund einer Vereinbarung auszugleichen sind, müssen sie sich diese bei der Erbauseinandersetzung auf ihr gesetzliches Erbteil anrechnen lassen.

Da solche **Vorausempfänge** auch die Höhe des Pflichtteilsanspruchs beeinflussen, müssen diese bei der Berechnung ebenfalls berücksichtigt werden. Dabei werden alle ausgleichungspflichtigen Zuwendungen dem Nachlass hinzugerechnet, soweit er unter den Abkömmlingen aufgeteilt wird. Maßgebend ist der Wert zum Zeitpunkt der Zuwendung (§ 2055 Abs. 1 Satz 2 BGB). Aber auch hier wird der Kaufkraftschwund berücksichtigt.

! Die Ausgleichung erfolgt nur unter Abkömmlingen. Der **Ehegattenerbteil ist vorher abzuziehen.** Die Anteile werden dann entsprechend den gesetzlichen Erbquoten errechnet, der Wert der Zuwendung beim Betreffenden abgezogen und der Rest halbiert.

» **Beispiel:** Erblasser E hinterlässt bei seinem Tod eine Witwe W, einen Sohn S und eine Tochter T. Seine Frau W hat er zur Alleinerbin eingesetzt. Damit sind beide Kinder – konkludent – enterbt. Mit W hat E im gesetzlichen Güterstand der Zugewinngemeinschaft gelebt. Der reine Nachlasswert beträgt € 100.000,–. Als ausgleichungspflichtige Schenkungen haben erhalten: S 25 Jahre vor dem Erbfall Aktien im Nominalwert von € 32.500,–; T 20 Jahre vor dem Erbfall ein Grundstück im Wert von € 20.000,–.

Vor der Pflichtteilsberechnung der Kinder ist der Nachlass um den gesetzlichen Erbteil der Witwe W zu vermindern. So sieht dann die Rechnung aus (aus Gründen der Vereinfachung ohne Kaufkraftanpassung):

Reinnachlass	€ 100.000,–
abzüglich gesetzlicher Erbteil W ¼ + ¼ = ½	€ 50.000,–
unter den Abkömmlingen bei gesetzlicher Erbfolge	
aufzuteilender Nachlass	€ 50.000,–
zuzüglich Schenkung an S	€ 32.500,–
zuzüglich Schenkung an T	€ 20.000,–
rechnerische Teilungsmasse	€ 102.500,–

Pflichtteilsberechnung für S:	
vom rechnerischen Restnachlass entfällt auf S als	
gesetzlicher Erbteil (½)	€ 51.250,–
abzüglich Schenkung an S	€ 32.500,–
	€ 18.750,–
Pflichtteil ½ des gesetzlichen Erbteils	€ 9.375,–
Pflichtteilsberechnung für T:	
gesetzlicher Erbteil ½ wie bei S	€ 51.250,–
abzüglich Schenkung an T	€ 20.000,–
	€ 31.250,–
Pflichtteil ½ des gesetzlichen Erbteils	€ 15.625,–

Schenkungen an Dritte oder Miterben

Wenn der Erblasser die Ansprüche einer pflichtteilsberechtigten Person schmälern möchte, bietet es sich an, den **Nachlass schon zu Lebzeiten zu** verringern – und zwar durch Schenkung an andere Personen.

» **Beispiel:** Der Erblasser ist in zweiter Ehe verheiratet und möchte den Kindern aus erster Ehe so wenig wie möglich zukommen lassen. Deshalb überträgt er zu Lebzeiten schon größere Vermögensteile auf seine zweite Ehefrau.

In diesem Fall sichern die Vorschriften über den **Ergänzungspflichtteil** den Anspruch der indirekt enterbten Personen (§ 2325 BGB). Dieser Anspruch steht übrigens auch pflichtteilsberechtigten Erben zu, die nicht enterbt worden sind. Das kann sogar so weit gehen, dass ein Alleinerbe Pflichtteilsergänzung geltend machen kann, wenn sich der Erblasser zuvor »arm geschenkt« hat (§ 2326 BGB).

Die pflichtteilsberechtigte Person muss allerdings beweisen, dass die Zuwendung auch wirklich eine Schenkung war, also unentgeltlich erfolgt ist. Dabei kann durchaus ein Angehöriger wie zum Beispiel der begünstigte Ehepartner des Erblassers als Zeuge benannt werden.

Unentgeltlichkeit und somit eine Schenkung liegen auch dann vor, wenn der Erblasser Teile seines Nachlasses besonders »günstig« verkauft. Bei einem auffallend **groben Missverhältnis** spricht man hier von einer gemischten Schenkung. Nur der unentgeltliche Teil wird dann als Schenkung behandelt.

» **Beispiel:** Der Erblasser E »verkauft« sein Haus an eine »gute Freundin« zum Preis von € 200.000,–. Der wirkliche Wert beträgt aber € 400.000,–. In diesem Falle wird der überschießende Betrag von € 200.000,– als Schenkung behandelt, aus dem – sofern die sonstigen Voraussetzungen vorliegen – ein Ergänzungspflichtteil zu zahlen ist.

Kein grobes Missverhältnis liegt vor, wenn zum Beispiel ein Erblasser seiner Ehefrau Immobilien und sonstiges Vermögen als Entlohnung ihrer langjährigen Tätigkeit als Sprechstundenhilfe in seiner Arztpraxis überträgt und dadurch den Nachlass zulasten seines Sohnes aus erster Ehe verringert. Dasselbe gilt, wenn Vermögen an Dritte als Gegenleistung für Pflege- und Versorgungsdienste übertragen wird.

Pflicht- und Anstandsschenkungen (z.B. maßvolle Hochzeits- und Weihnachtsgeschenke) begründen ebenfalls keinen Pflichtteilsergänzungsanspruch (§ 2330 BGB).

Zehnjahresschranke beachten

Schenkungen werden nur angerechnet, wenn sie **innerhalb der letzten zehn Jahre** vor dem Erbfall vorgenommen worden sind (§ 2325 Abs. 3 BGB).

In Erbfällen, die seit dem 1.1.2010 eingetreten sind, wird die **Schenkung Jahr für Jahr wertmäßig abgebaut** – und zwar pro Jahr um ein Zehntel (sogenannte »Abschmelzung« des Schenkungswerts). Dies gilt auch für Schenkungen, die vor Inkrafttreten dieser »Pro-Rata-Lösung« erfolgt sind, sofern der Erbfall seit dem 1.1.2010 eingetreten ist.

Bei Schenkungen an den Ehegatten **beginnt die Frist erst mit der Auflösung der Ehe** durch Scheidung oder Tod (vor dem Erbfall). Auch die

10%ige »Pro-Rata-Lösung« beginnt erst ab der Auflösung der Ehe. **Folge:** Geschenke an den überlebenden Ehegatten sind nach dem Tod des Erblassers meistens ohne zeitliche Begrenzung und ohne jährliche 10%ige Abschmelzung bei der Pflichtteilsberechnung zum Nachlass hinzuzuaddieren.

» **Beispiel:** Erblasser E ist geschieden und zum zweiten Mal wieder verheiratet. Aus seiner ersten Ehe ist eine Tochter hervorgegangen. Er schenkt seiner zweiten Ehefrau eine Eigentumswohnung und bestimmt sie im Testament zur Alleinerbin. Die Tochter aus erster Ehe übergeht er. Fünf Jahre nach der Schenkung stirbt er. Er hinterlässt seiner Frau ein Vermögen in Höhe von € 400.000,–. Hier ist die Schenkung nach wie vor mit dem vollen – indexierten – Wert zum Nachlass hinzuzuaddieren.

! Die Zehnjahresfrist verstreicht auch nicht, wenn der Erblasser sich den uneingeschränkten **lebenslänglichen Nießbrauch trotz Eigentumsumschreibung** vorbehalten hat. Die Frist beginnt erst mit der Beendigung des Nießbrauchs, das heißt in der Regel mit dem Tod des Schenkers. In einem solchen Fall gibt es auch keine »Abschmelzung«, weil die Zehnjahresfrist gar nicht zu laufen begonnen hat.

Anders sieht es dagegen aus, wenn der Schenker die Sache so übergibt, dass er sie **praktisch nicht mehr besitzt**. Das ist beim **Wohnungsrecht** zum Beispiel der Fall, wenn der Schenker nur einen Teil des Hauses bewohnt, aber ansonsten nicht mehr »Herr im Haus« ist.

Zu einer Pflichtteilsergänzung kommt es auch dann, wenn die pflichtteilsberechtigte Person **zum Zeitpunkt der Zuwendung noch nicht pflichtteilsberechtigt** war.

So wird der Pflichtteilsergänzungsanspruch berechnet

Der Wert des verschenkten Gegenstandes am Tag der Schenkung wird zum Nachlass hinzugezählt (). Anschließend wird der Pflichtteil quotenmäßig ermittelt und dann ohne den Wert der Schenkung berechnet. Die Differenz zwischen den beiden so ermittelten Pflichtteilsbeträgen ist dann der Pflichtteilsergänzungsbetrag.

Aber auch in Fällen, in denen keine **Enterbung** vorliegt, kann der Pflichtteilsergänzungsanspruch das Erbe erhöhen. Das heißt, dem durch die Schenkung benachteiligten Erben steht die Differenz zwischen dem zu, was er als Erbe erhalten hat, und dem, was seinen Pflichtteil unter Anrechnung der Schenkung ausmachen würde (§ 2326 BGB).

» **Beispiel:** Ein Erblasser hat seinen Sohn, der gesetzlicher Alleinerbe wäre, nur zu ⅔ als Erben eingesetzt. Der Nachlasswert beträgt € 60.000,–, sein testamentarischer Erbanteil demnach € 40.000,–. Der Erblasser hatte innerhalb des letzten Jahres vor seinem Tod € 70.000,– an einen alten Freund verschenkt. Daraus ergibt sich ein Gesamtpflichtteil in Höhe von € 60.000,– + € 0.000,– : 2 = € 65.000,–. Ihm steht allerdings nur die Differenz zu seinem Erbteil zu, also € 25.000,–. Der Schenkungswert wird hier nicht abgeschmolzen, weil beim Tod des Erblassers noch kein Jahr verstrichen war.

Ist die **beschenkte Person gleichzeitig Erbe** oder zählt sie zum Kreis der Pflichtteilsberechtigten, darf sie die Pflichtteilsergänzung verweigern, soweit ihr eigener Pflichtteilsanspruch dadurch verringert wird. Hier kann sich die pflichtteilsberechtigte Person nur an den Beschenkten wenden.

Dies gilt übrigens auch, wenn der Erbe zum Beispiel zahlungsunfähig oder der Nachlass überschuldet ist (§2328 BGB, § 2329 BGB).

» **Beispiel:** Der verwitwete Erblasser E ist im Jahr 2014 unter Hinterlassung des Sohnes S und der Tochter T gestorben. Aufgrund seines Testaments wurde die Tochter T seine Alleinerbin; der Sohn S ist enterbt. E hat kurz vor seinem Tod, als es ihm wirtschaftlich noch gut ging, seiner Lebensgefährtin L € 42.000,– geschenkt. Infolge seiner Pflegebedürftigkeit musste E im Laufe der folgenden Monate fast sein gesamtes Vermögen aufbrauchen. Der Wert des Nachlasses beträgt im Jahr 2014 € 12.000,–. Der Sohn S macht seine Pflichtteilsansprüche geltend.

Berechnung des ordentlichen Pflichtteils des S:	
Nachlass / gesetzlicher Erbteil des S ½ ordentlicher Pflichtteil ¼	€ 12.000,– / € 6.000,– / € 3.000,–

Aus Gründen der Vereinfachung ohne Kaufkraftanpassung.

Berechnung des Ergänzungspflichtteils des S:	
Nachlass	€ 12.000,–
zuzüglich Schenkung an L	€ 42.000,–
	€ 54.000,–
Pflichtteil S ¼	€ 13.500,–
abzüglich ordentlicher Pflichtteil	€ 3.000,–
Ergänzungspflichtteil	€ 10.500,–

Die Pflichtteilsansprüche von S mit insgesamt € 13.500,– sind höher als der ganze Nachlass. Da auch die Tochter T eigene Pflichtteilsansprüche von insgesamt € 13.500,– hat (ihre Anteile sind so groß wie die von S), braucht sie an S nur € 3.000,– zu zahlen.

S muss sich wegen seines Ergänzungspflichtteils von € 10.500,– an die beschenkte L halten (§ 2329 BGB). Seinen ordentlichen Pflichtteil von € 3.000,– kann er von T verlangen.

T verbleiben dann noch € 9.000,–, obwohl ihre Pflichtteilsansprüche ebenfalls € 13.500,– betragen. Wegen des Fehlbetrags von € 4.500,– kann sie sich ebenfalls an F halten.

Hier wird der Wert der Schenkung nicht abgeschmolzen, weil beim Tod noch kein Jahr verstrichen war.

5.6 Wann verjährt der Pflichtteilsanspruch?

Der Pflichtteilsanspruch verjährt innerhalb von **drei Jahren** seit Ende des Jahres, in dem der Pflichtteilsberechtigte Kenntnis vom Tod des Erblassers und der ihn beeinträchtigenden letztwilligen Verfügung erlangt hat (§ 2332 BGB). Bei Minderjährigen beginnt die Frist erst ab Eintritt der Volljährigkeit zu laufen (§ 204 Abs. 4 Satz 2 BGB).

Weiß der Pflichtteilsberechtigte allerdings nichts von seinem Anspruch, verjährt der Anspruch erst innerhalb von 30 Jahren. Der Pflichtteilsergänzungsanspruch verjährt ebenfalls in drei Jahren nach dem Todesfall bzw. mit der Kenntnis der beeinträchtigenden Schenkung.

5.7 Wie kann der Pflichtteil entzogen oder beschränkt werden?

Nur in absoluten Ausnahmefällen kann der Pflichtteil entzogen werden

Als künftiger Erblasser können Sie in bestimmten Fällen verfügen, dass ein bestehender Pflichtteilsanspruch entzogen werden soll. Die im Gesetz genannten Entziehungsgründe sind abschließend, eine Ausdehnung ist grundsätzlich nicht zulässig (§ 2333 BGB).

Hierbei wird nach den drei Gruppen von Pflichtteilsberechtigten unterschieden – den Abkömmlingen, den Eltern und den Ehegatten bzw. eingetragenen Lebenspartnern. Voraussetzung ist immer Verschulden und Zurechnungsfähigkeit.

- **Kindern, Enkeln und anderen Abkömmlingen sowie dem Ehegatten und den Eltern** kann der Pflichtteil nach § 2333 BGB (Erbfall ab dem 1.1.2010) entzogen werden, wenn der betreffende Pflichtteilsberechtigte
    - dem Erblasser, dem Ehegatten des Erblassers, einem anderen Abkömmling oder einer dem Erblasser ähnlich nahestehenden Person nach dem Leben trachtet,
    - sich eines Verbrechens oder eines schweren vorsätzlichen Vergehens gegen eine der in Nummer 1 bezeichneten Personen schuldig macht,
    - die ihm dem Erblasser gegenüber gesetzlich obliegende Unterhaltspflicht böswillig verletzt oder

- wegen einer vorsätzlichen Straftat zu einer Freiheitsstrafe von mindestens einem Jahr ohne Bewährung rechtskräftig verurteilt und die Teilhabe des Abkömmlings am Nachlass deshalb für den Erblasser unzumutbar ist. Gleiches gilt, wenn die Unterbringung des Abkömmlings in einem psychiatrischen Krankenhaus wegen einer ähnlich schwerwiegenden vorsätzlichen Tat rechtskräftig angeordnet wurde.

! **Beachten Sie:** Selbst wenn dem Ehegatten der Pflichtteil entzogen werden kann, bleibt der Anspruch auf **Zugewinnausgleich** bestehen.

Wie wird der Pflichtteil entzogen?

Die Pflichtteilsentziehung muss der Erblasser förmlich durch Verfügung von Todes wegen anordnen. Der Entziehungsgrund ist dabei in dieser Verfügung ausdrücklich anzugeben (§ 2336 BGB). Andernfalls ist die Entziehung ungültig.

Trotzdem kommt es immer wieder auf den Einzelfall an. Verfehlungen gegen das Eigentum oder Vermögen des Erblassers berechtigen nämlich nur dann zur Entziehung des Pflichtteils, wenn hierin eine grobe Missachtung des Eltern-Kind-Verhältnisses zum Ausdruck kommt.

» **Beispiel:** Ein Sohn hatte Geld seines Vaters in Höhe von € 15.000,– veruntreut. Daraufhin enterbte der Vater seinen Sohn, indem er ihm testamentarisch sogar den Pflichtteil entzog. Es stellte sich heraus, dass sich der Sohn in einer wirtschaftlich desolaten Situation befand und er die Absicht hatte, das Geld alsbald seinem Vater zurückzuzahlen. Deshalb sah das Oberlandesgericht Hamm hier keinen Grund für eine wirksame Pflichtteilsentziehung.

Ist eine Pflichtteilsentziehung nicht ausdrücklich als solche bezeichnet worden, ist dies nicht schädlich, solange die Gründe dafür eindeutig benannt wurden.

» **Beispiel:** Eine Erblasserin hatte verfügt: »Mein Mann erbt nichts ...«. Sie hatte allerdings Einzelheiten ihres Ehemartyriums geschildert.

Kann der Erblasser die Pflichtteilsentziehung nicht mehr selbst anordnen, besteht die Möglichkeit, dass die Erben den Pflichtteilsberechtigten durch Klage noch für »pflichtteilsunwürdig« erklären lassen (§ 2339 BGB).

Wenn der Erblasser den »Fehltritt« verzeiht

Eine Pflichtteilsentziehung ist nicht mehr möglich oder eine bereits verfügte wird hinfällig, wenn der Grund dafür verziehen worden ist (§ 2337 BGB). Dies geht auch ohne schriftliche Erklärung. Ein schlüssiges Verhalten reicht aus, muss aber deutlich erkennbar sein:

» **Beispiel:** Ein um ein größeres Vermögen betrogener Vater nimmt nach jahrelangem Kontaktabbruch den Kontakt wieder auf. Der Sohn pflegt ihn fortan regelmäßig.

Der Erblasser nimmt einen Kredit auf, um dem Sohn finanziell »aus der Patsche« zu helfen.

Allerdings ist die pflichtteilsberechtigte Person gegenüber den Erben beweispflichtig, dass ihm verziehen worden ist. Sicherer ist deshalb eine entsprechende schriftliche Erklärung.

Wenn die pflichtteilsberechtigte Person überschuldet ist

Ist ein Kind, Enkel oder ein anderer Abkömmling überschuldet, oder neigt er zur Verschwendung, darf ein Erblasser den Pflichtteilsanspruch durch Testament oder Erbvertrag beschränken – vorausgesetzt, sein späterer Erwerb ist dadurch erheblich gefährdet (sogenannte Pflichtteilsbeschränkung in guter Absicht, § 2338 BGB).

So kann der Pflichtteil zum Beispiel durch die Anordnung einer Verwaltungstestamentsvollstreckung beschränkt werden (§ 2209 BGB). Dann haben weder der beschränkte Pflichtteilsberechtigte noch dessen Gläubiger Zugriff auf die »Erbschaft« (§ 2214 BGB).

Denkbar ist auch, dass der Pflichtteilsberechtigte nur Vorerbe wird und seine gesetzlichen Erben Nacherben. Auf jeden Fall muss die Pflichtteilsbeschränkung in guter Absicht ausdrücklich begründet werden. Sie kann wegfallen, wenn der Grund zur Zeit des Erbfalls nicht mehr besteht.

5.8 Wie können Sie sich gegen Pflichtteilsansprüche wehren?

Solange der Erblasser noch lebt

Nicht immer ist es selbstverständlich, dass Kinder beim Tod eines Elternteils freiwillig auf ihren Pflichtteil verzichten. Wer dem vorbeugen will, dass seine Kinder ihren Pflichtteil verlangen, wenn der überlebende Elternteil zum Alleinerben eingesetzt wurde (z.B. in einem Berliner Testament), sollte im Rahmen einer letztwilligen Verfügung eine sogenannte **Pflichtteilsklausel** aufnehmen.

Hiermit kann ein Anreiz dafür gegeben werden, den Pflichtteil nicht zu verlangen. Durch die Pflichtteilsklausel wird der Pflichtteilsberechtigte, der beim Tod des erstversterbenden Elternteils seinen Pflichtteil verlangt, beim Tod des Zweitversterbenden auf den Pflichtteil gesetzt.

» **Beispiel:** Wir, die Eheleute ..., setzen uns gegenseitig als Alleinerben ein. Der Überlebende von uns setzt unsere gemeinsamen Kinder A und B je hälftig zu Erben ein. Sollte eines unserer Kinder beim ersten Todesfall gegen den Willen des Überlebenden den Pflichtteil beanspruchen und ihn auch ganz oder teilweise erhalten, so soll es auch für den zweiten Todesfall auf den Pflichtteil gesetzt sein.

Die Voraussetzungen für die Enterbung auf den Tod des Überlebenden müssen exakt angegeben werden. Eine weitere Möglichkeit ist der **Pflichtteilsverzicht** zu Lebzeiten des Erblassers als **notarieller** Vertrag zwischen diesem und dem Pflichtteilsberechtigten gegen eine entsprechende Abfindung.

Wenn der Erblasser bereits verstorben ist

Insbesondere wenn der Nachlass im Wesentlichen aus einer selbst genutzten Immobilie besteht, können Pflichtteilsansprüche zum Beispiel von Kindern den überlebenden Elternteil zum Verkauf zwingen. Hier hilft die **Stundung** des Pflichtteilsanspruchs weiter (§ 2331a BGB).

Dieser Anspruch steht seit dem **1.1.2010** aber nicht nur Erben zu, die selbst pflichtteilsberechtigt sind, sondern jedem Erben – vorausgesetzt, die Erfüllung des Pflichtteilsanspruchs stellt eine »**unbillige Härte**« für ihn dar.

Die Stundung muss beim zuständigen Nachlassgericht beantragt werden. Das Gericht entscheidet dann unter Abwägung der beiderseitigen Interessen, ob die vom Gesetz geforderte Härte vorliegt. Das ist zum Beispiel der Fall, wenn die Familienwohnung aufgegeben werden müsste.

Teil 3

Richtige Vorsorge für den Todesfall

Notizen

1 Machen Sie den Tod nicht zum Tabu

Niemand spricht gerne über den Tod. Den meisten Menschen fällt es schwer, sich damit auseinanderzusetzen. Dennoch: Der Tod ist endgültig. Wer zu seinen Lebzeiten nichts für den Fall seines Todes regelt, hat keine Chance das nachzuholen. Daher sollten Sie für sich und Ihre Angehörigen auch zu diesem Thema vorsorgen.

1.1 Was kann zu Lebzeiten geregelt werden?

Legen Sie für Ihre Angehörigen eine Liste mit den Personen und Einrichtungen an, denen der Todesfall gemeldet werden soll.

In jedem Fall müssen der Arbeitgeber, die Kranken- und Rentenkassen, und auch das zuständige Pfarramt (falls der Verstorbene Mitglied einer Kirche war) informiert werden.

Darüber hinaus können Sie natürlich auch festlegen, welche Personen aus dem privaten Bereich über Ihren Tod in Kenntnis gesetzt werden sollen.

1.2 Was müssen Ihre Angehörigen für den Todesfall wissen?

Jeder Todesfall in Deutschland muss dem zuständigen Standesamt **gemeldet** werden. So will es das Gesetz (§§ 28, 29 Personenstandsgesetz). Verstirbt jemand im Krankenhaus oder in einem Alten-/Pflegeheim, müssen sich die Angehörigen nicht um eine solche Meldung kümmern. Bei einem **Todesfall zu Hause** ist diese Verpflichtung aber zu beachten. In der Regel übernehmen dies die Bestatter im Auftrag der Angehörigen.

Jeder Verstorbene muss nochmals von einem Arzt untersucht werden (Leichenschau). Dieser muss dann einen Totenschein ausstellen, der wiederum dem Standesamt vorgelegt werden muss. Erst dann stellt das Standesamt die Sterbeurkunde aus. Die Sterbeurkunde benötigen die Angehörigen und die Erben, um alle weiteren Formalitäten zu erledigen.

Da es in Deutschland eine Bestattungspflicht gibt, muss für die Beisetzung ein **Bestattungsunternehmen** beauftragt werden. Das Bestattungsunternehmen benötigt folgende **Unterlagen**:

- den Totenschein,
- den Personalausweis des Verstorbenen,
- die Heiratsurkunde, falls der Verstorbene verheiratet war,
- das/die Scheidungsurteil(e), falls der Verstorbene geschieden war,
- die Sterbeurkunde des Ehegatten, falls der Verstorbene verwitwet war,
- und letztlich eine Bestattungsverfügung, sofern der Verstorbene eine solche verfügt hat;

! Soweit diese Unterlagen nicht erst nach dem Todesfall erstellt werden können, sollten sie bereits im Notfallordner für die Angehörigen vorgehalten werden.

Als Angehöriger sollten Sie sich ausdrücklich danach erkundigen, ob das Bestattungsunternehmen auch tatsächlich die Sterbeurkunde beim zuständigen Standesamt beantragt.

! Bitten Sie darum, dass gleich **mehrere Ausfertigungen** beantragt werden, denn die Sterbeurkunde muss oft im Original vorgelegt werden.

Legen Sie für Ihre Angehörigen eine **Liste mit den Personen und Einrichtungen** an, denen der Todesfall gemeldet werden soll.

In jedem Fall müssen der Arbeitgeber, die Kranken- und Rentenkassen, und auch das zuständige Pfarramt (falls der Verstorbene Mitglied einer Kirche war) informiert werden.

Darüber hinaus können Sie natürlich auch festlegen, welche Personen aus dem privaten Bereich über Ihren Tod in Kenntnis gesetzt werden sollen.

2 Wie ist die Bestattung zu regeln?

In Deutschland gilt bundesweit eine Friedhofspflicht. Jeder Verstorbene **muss** auf einem Friedhof beigesetzt werden. Die Bestattung kann als Erd-, Feuer- oder Seebestattung erfolgen.

Die Einzelheiten sind den jeweiligen Gesetzen der Bundesländer und den kommunalen Vorschriften für die einzelnen Friedhöfe zu entnehmen. Für Seebestattungen werden **Ausnahmen vom Friedhofszwang** genehmigt, welche aber u.U. erst beantragt werden müssen. Hierfür sorgen in aller Regel die Bestatter.

In den letzten Jahren sind auch **Naturbestattungen** (»Friedwald«) üblich geworden. Hier werden die Urnen der Verstorbenen in bestimmten, hierzu ausdrücklich gewidmeten Wäldern bzw. in Waldabschnitten eines Friedhofs am Fuß von Bäumen beigesetzt. Eine Bestattung in freier Natur außerhalb solcher Gebiete ist in Deutschland nicht möglich.

Gerade was die Art und den Ort eines Begräbnisses angeht, kommt bei den Hinterbliebenen leider oft Streit auf. Was vielen nicht bewusst ist: Für die sogenannte Totensorge sind nicht automatisch die Erben zuständig. Die Bestattungsgesetze sehen dies vielmehr als **Aufgaben der nächsten Angehörigen** an. Hier kann es also zu unterschiedlichen Zuständigkeiten kommen, wenn die Angehörigen nicht zugleich Erben sind.

Wichtig: Die Bestattungsgesetze gehen aber alle davon aus, dass die Art, der Ort und die Durchführung vorrangig nach den Wünschen des Verstorbenen zu erfolgen hat. Diese Wünsche können je nach Bundesland schon Jugendliche ab 14 Jahren (z.B. in Nordrhein-Westfalen) bzw. ab 16 Jahren (z.B. Bayern) festlegen. Nur wenn sich solche Wünsche nicht feststellen lassen oder der Verstorbene aufgrund seines Alters oder weil er geschäftsunfähig war nicht äußern konnte, entscheiden die nächsten Angehörigen. Dies sind nach dem Gesetz (in dieser Reihenfolge):

1) Ehegatten oder Lebenspartner einer eingetragenen Lebensgemeinschaft

2) volljährige Kinder

3) Eltern

4) volljährige Geschwister

5) Großeltern

Bei **nichtehelichen Lebensgemeinschaften** gibt es per Gesetz überhaupt keinen Verwandtenstatus, d.h., sie werden wie fremde Personen behandelt, auch wenn die Lebensgemeinschaft über Jahre bestand.

Daher ist es unbedingt ratsam, Ihre Wünsche und Vorstellungen bezüglich der Bestattung schriftlich festzulegen und auch die Totenfürsorge ausdrücklich auf eine Person zu übertragen.

3 Auch für Ihre Haustiere können Sie Vorsorge treffen

Die Verantwortung für ein Haustier endet nicht mit dem Tod. Zumindest sollten sich Tierhalter Gedanken darüber machen, wer sich **im Todesfall um das Tier kümmert** und wie dann die **weitere Pflege** auf Dauer gestaltet wird.

Da auch Tiere in Ihr Eigentum fallen, werden sie automatisch **Teil des Nachlasses**. Aber nicht jeder Erbe ist erfreut, wenn er neben der Eigentumswohnung plötzlich auch den Dackel der Tante erbt. Und wer schon immer Angst vor Pferden hat, ist sicher über ein Pony als Erbe eher entsetzt als begeistert. Daher sollten Sie auf jeden Fall im Testament festlegen, wer das Tier erbt.

Es gibt die Möglichkeit, das Tier in einem **Vermächtnis** einer anderen Person als dem eigentlichen Erben zukommen zu lassen

! Ihre **Vorsorgevollmacht** sollte auch eine Regelung enthalten, die es dem Bevollmächtigten erlaubt, sich sofort um das Tier zu kümmern, bis der Erbe seine Erbschaft in Empfang nehmen kann. Da aber nicht jeder Vorsorgebevollmächtigte auch ein Tierfreund ist, ist es oft besser, einer anderen Person, die Ihr Haustier gut kennt, eine gesonderte Vollmacht nur für die Betreuung zu erteilen. Hierzu können Sie auf unser Formular Einzelvollmacht zurückgreifen.

Es gibt auch die Möglichkeit, einen bestimmten **Geldbetrag** zweckgebunden anzulegen, damit die Kosten für einen Pflegeplatz gesichert sind.

4 Der digitale Nachlass: Was passiert im Todesfall mit Ihren Daten im Internet?

Im Internet gibt es auf jeden Fall ein Leben nach dem Tod und jede Menge digitalen Nachlass für die Erben. Von den Cloud-Daten über E-Book-Bibliotheken, Profilen in sozialen Netzwerken, E-Mail-Konten bis hin zu den Verträgen mit Internetanbietern finden Erben hier reichlich »digitale Erbmasse«. Als aktiver Nutzer können Sie es bereits zu Lebzeiten Ihren Erben leichter machen, wenn Sie diesen Nachlass regeln.

Erbrechtlich gesehen gilt Folgendes: Der Erbe wird gem. § 1922 BGB der Rechtsnachfolger des Erblassers und damit der Eigentümer von Haus, Hof, Konto und des digitalen Nachlasses. Mit »digitalem Nachlass« werden Accounts und Daten im Internet bezeichnet, die **nach dem Tode des Benutzers weiter bestehen** bleiben. Dazu zählen vor allem auch Internetdienste und soziale Netzwerke wie Facebook, Twitter, Youtube, Xing, E-Mail-Anbieter oder Partnervermittlungen.

Eindeutig ist der Fall, wenn es sich um ein **Online-Geschäft oder eine Online-Auktion** handelt und der Erbe anstelle des Verstorbenen Waren annehmen muss. Hier muss der Erbe als Rechtsnachfolger die Waren annehmen und entweder zurückschicken oder bezahlen.

! Erben haben ganz legal Zugriff auf den PC und die Speichermedien des Verstorbenen und dürfen die dort gespeicherten Daten einsehen. Die Entscheidung, was damit passiert, liegt bei den Erben – sofern im Testament nichts anderes geregelt ist.

4.1 Das gilt für E-Mail-Konten

Bei E-Mails muss man unterscheiden: Wer als Erbe gespeicherte E-Mails des Verstorbenen auf dessen Rechner findet, darf diese lesen. Hier gilt nichts anderes als für Briefe, die er in einer Kiste im Keller findet.

Aber: Für E-Mails gilt auch das **Telekommunikationsgeheimnis**, das der Provider einhalten muss. Verstößt der Provider gegen dieses Fernmeldegeheimnis, dann macht er sich strafbar. Sind E-Mails noch »unterwegs«, also auf Servern abgelegt, muss sich der Erbe zunächst gegenüber dem Provider als **Berechtigter** ausweisen, wenn er nicht über die erforderlichen Zugangsdaten und Passwörter verfügt. Als Legitimation dienen in der Regel Sterbeurkunde und Erbschein. Je nach Anbieter kann das einen mehr oder weniger aufwendigen Prozess bedeuten und entsprechend viel Zeit in Anspruch nehmen. Haben die Erben die Zugangsdaten und Passwörter nicht, dann dürfen sie bei den Internet-Anbietern neue Passwörter anfordern, um mit den Accounts »wie ein Eigentümer« umgehen zu können.

Das ist für einen Provider mit Arbeit verbunden. Deshalb hat Google beispielsweise das sogenannte »Online-Testament« geschaffen.

Mit diesem **Kontoinaktivität-Manager** können Sie selber festlegen, ob Ihr Google-Konto als inaktiv behandelt werden soll, was mit Ihren Daten geschehen soll und wer benachrichtigt werden soll. Vor allem können Sie aber auch festlegen, dass nach einer bestimmten Zeit der Inaktivität Ihr Konto gelöscht werden soll.

Bei E-Mail-Konten können sich die Provider auf das Telekommunikationsgeheimnis beziehen und den Zugriff trotz Erbschein als Nachweis verweigern. In der Praxis verfahren die Anbieter der elektronischen Briefkästen wohl unterschiedlich. Manche löschen die Daten bei Erhalt einer Sterbeurkunde, andere gewähren den Erben den Zugriff, wenn ein Erbschein vorgelegt wird. Hier gibt es **keine einheitliche Vorgehensweise**.

4.2 Das gilt für Profile in sozialen Netzwerken

Auch unentgeltliche Nutzerkonten des Verstorbenen bei sozialen Netzwerken und Versandhändlern bleiben erst einmal **bestehen**. Pflichten für den Erben entstehen daraus nicht. Ihr Erbe steht aber vor der Frage, was erhalten und was gelöscht werden soll.

Manche Hinterbliebene wünschen sich, dass der Tod »sichtbar« wird und der Verstorbene im Netz nicht weiter existiert. Andere möchten eine Gedenkstätte im Internet errichten. Möglich ist das zum Beispiel bei **Facebook**: Die Profilseite kann mit einem Formular in einen Gedenkzustand versetzt werden.

Hierfür müssen Ihre Erben einen entsprechenden Nachweis (Sterbeurkunde, Erbschein, Todesanzeige usw.) online versenden, um den Tod zu dokumentieren. Erben können das Konto auch löschen lassen. Dafür verlangt Facebook eine Sterbeurkunde und einen Nachweis, dass die Entfernung des Profils von einem nahen Angehörigen beantragt wird.

Das ist die Vorgehensweise bei Facebook. Bei anderen läuft es unter Umständen ganz anders. Stirbt der Nutzer, bevor er testamentarisch etwas verfügt hat, sind die Angehörigen auf den Weg verwiesen, den der Anbieter in seinen AGB festgelegt hat. Bei **Xing** wird den Hinterbliebenen beispielsweise kein Zugriff auf den Account ermöglicht. Hier stellt man sich auf den Standpunkt, dass man den deutschen Standard in Sachen Datenschutz achtet und keine personenbezogenen Daten an Dritte weitergibt.

4.3 Das gilt für eigene Webseiten eines Verstorbenen

Anders verhält es sich mit den Webseiten eines Verstorbenen. Die Inhaberschaft und damit das Nutzungsrecht an einer Domain sind **vererbbar**. Sie gehen mit dem Todesfall auf den Erben über.

Ihr Erbe kann also frei entscheiden, ob er die Domain weiterbetreiben oder kündigen will. Wird sie weiterbetrieben, dann sind Änderungen sehr schnell notwendig. Hier ist vor allem an die **Impressumspflicht** zu denken. Besteht eine Impressumspflicht, ist das Impressum innerhalb von **sechs Wochen** nach dem Todesfall zu ändern. Diese Frist ergibt sich aus der sechswöchigen Frist, das Erbe auszuschlagen.

4.4 Was ist zu raten?

Die **Entscheidung**, ob Ihre Erben Einblick in Ihre digitale Privatsphäre nehmen dürfen, sollten Sie bewusst treffen. Wenn Sie damit einverstanden sind, dann hinterlassen Sie Ihre Passwörter - unter Umständen in einem Umschlag beim Notar.

Allerdings müssen Passwörter natürlich regelmäßig geändert werden. Wer seinen Erben dennoch aktuelle Informationen hinterlassen will, muss in den sauren Apfel beißen und die Änderungen jeweils schriftlich vermerken.

Es gibt auch Unternehmen, die für den Todesfall die wichtigsten Passwörter und Dokumente speichern. Hier ist aber äußerste Vorsicht geboten: Prüfen Sie genau, ob Sie derart sensible Daten einem Dienstleister überlassen wollen.

Wenn Sie **nicht damit einverstanden** sind, dass Ihre Erben Einblick in Ihre Mails bekommen, dann können Sie durch ein entsprechend gestaltetes **Testament** davon abweichen. Ihr Testament kann den Zugriff auf die E-Mails durch andere Personen als den Erben gestatten und vieles mehr.

Notizen

Formulare

Notizen

Zu benachrichtigende Personen im Todesfall

Person 1

Name

Adresse

Telefon

Person 2

Name

Adresse

Telefon

Person 3

Name

Adresse

Telefon

Rechtsanwalt

Name

Adresse

Telefon

Vermögensbetreuer

Name

Adresse

Telefon

Notizen

Nachlassregelung

☐ Ich habe bzw. wir haben eine letztwillige Verfügung (Testament) getroffen.

Die Verfügung liegt ______________________

Das Testament ist hinterlegt bei ______________________

Notar/Amtsgericht-[171/1] ______________________

☐ Es besteht ein notarieller Erbvertrag mit

Name ______________________

Adresse ______________________

Die Unterlagen befinden sich-[171/2] ______________________

☐ Es besteht ein Güterrechtsvertrag-[171/3], Ehevertrag mit

Name ______________________

Adresse ______________________

Die Unterlagen befinden sich ______________________

☐ Es besteht ein Vertrag zugunsten Dritter auf den Todesfall bei-[171/4]

Kreditinstitut ______________________

Kontonummer ______________________

zugunsten von ______________________

Notizen

Bestattungswünsche

Ich wünsche folgende Bestattungsart

- ☐ Erdbestattung
- ☐ Feuerbestattung-173/5
- ☐ Bestattung im Friedwald
- ☐ Seebestattung
- ☐ andere Bestattungsart ______________________
- ☐ Ich möchte bestattet werden in ______________________

Hinweise für die Trauerfeier

- ☐ Trauerzug erwünscht
- ☐ Keine Trauerfeier
- ☐ Keine Trauerreden
- ☐ Keine Grabreden
- ☐ Trauerreden gewünscht von ______________________
- ☐ Grabreden gewünscht von ______________________
- ☐ Kondolenzliste auslegen
- ☐ Musikstücke: ______________________
- ☐ Kirchenlieder
- ☐ Orgel-/Harmoniumspiel
- ☐ Von Beileidsbezeugungen bitten wir abzusehen.
- ☐ Anstelle von Kränzen und Blumen sind Spenden an folgende Organisationen zu richten

____

- ☐ Der Tod soll nicht durch Todesanzeigen angezeigt werden.
- ☐ Es soll kein Trauermahl stattfinden.
- ☐ Es soll ein Trauermahl abgehalten werden in

(Ort, Gaststätte/Räumlichkeit) ______________________

Bestattungswünsche

- [ ] Ein Grabpflegevertrag soll geschlossen werden.[174/6]

- [ ] Ein Grabpflegevertrag wurde am ... mit dem folgenden Bestatter geschlossen: ______

______

Grabmal/Grabgestaltung

- [ ] Es wird ein Grabmal gewünscht.

- [ ] Das Grabmal soll wie folgt aussehen ______

- [ ] Der Text soll wie folgt lauten ______

______

- [ ] Bepflanzungswünsche ______

Vollmachten

Herr/Frau ______

Adresse ______

______

wird gebeten, für die Bestattung zu sorgen,
soweit nicht durch meine Vorsorgevollmacht eine andere Person bestimmt ist.

Verfügung über meine Internet-Zugangsdaten

Ich bin Mitglied bei folgenden Netzwerken im Internet:

Name ______________________________

Passwort/Zugangsdaten ______________________________

Name ______________________________

Passwort/Zugangsdaten ______________________________

Name ______________________________

Passwort/Zugangsdaten ______________________________

Name ______________________________

Passwort/Zugangsdaten ______________________________

Ich habe einen E-Mail-Account bei:

Name ______________________________

Passwort/Zugangsdaten ______________________________

Name ______________________________

Passwort/Zugangsdaten ______________________________

Name ______________________________

Passwort/Zugangsdaten ______________________________

Name ______________________________

Passwort/Zugangsdaten ______________________________

Im Falle meines Todes verfüge ich, dass alle meine im Internet angelegten Profile und E-Mail-Accounts ...

- ☐ so schnell wie möglich gelöscht werden.
- ☐ von meinen Erben weitergeführt werden.
- ☐ meine Erben entscheiden, was mit den Daten geschehen soll.

Notizen

Todesfall

Wichtige Hinweise zum Ausfüllen der Formulare

Nachlassregelungen

Sie können Ihr eigenhändig geschriebenes Testament auch zu Hause aufbewahren. Es empfiehlt sich jedoch, dies beim Amtsgericht zu hinterlegen. Bei einem Brand könnte es beispielsweise vernichtet werden oder es gerät in Hände von Personen, die es nicht sehen sollen. 171/1

Der Notar gibt den Erbvertrag normalerweise in amtliche Verwahrung. Die Vertragsparteien erhalten über die Hinterlegung einen Hinterlegungsschein. Dieser kann im Notfallordner abgelegt werden. 171/2

Der Güterstand der Eheleute kann Auswirkungen auf die Höhe des Erbteils haben. Oft werden in Eheverträgen außerdem auch erbrechtliche Regelungen getroffen. 171/3

Ein Vertrag zugunsten Dritter (§§ 328 ff. BGB) ist gegeben, wenn die eine Partei (der Versprechende) der anderen Partei (dem Versprechungsempfänger, Erblasser) verspricht, eine Leistung an einen Dritten (Begünstigter) zu erbringen. Der Hauptanwendungsfall betrifft Lebensversicherungsverträge und Konten- bzw. Depot- und Sparverträge. Dabei erhält der Begünstigte im Fall des Todes des Kunden das Recht, von der Bank die im Vertrag bestimmte Leistung (z. B. eine Spareinlage) zu verlangen. Der Bundesgerichtshof hat dazu geurteilt, dass der Vermögenswert, der Gegenstand des Vertrags zugunsten Dritter ist, nicht in den Nachlass fällt. Deshalb haben die Erben auch darauf keinen Zugriff. Bis zu seinem Tod kann der Kunde nach den in der Bankpraxis üblichen vertraglichen Vereinbarungen weiterhin uneingeschränkt über die vom Vertrag zugunsten Dritter erfassten Konten verfügen. Wenn Sie also z. B. eine Lebensversicherung haben und in dieser vermerkt wurde, dass eine Person, die ansonsten mit Ihren Erben nichts zu tun hat, die Auszahlung erhalten soll, dann sollten Sie den Vertrag hier nennen. 171/4

Bestattungswünsche

Eine Feuerbestattung kann es nur geben, wenn Sie dies ausdrücklich angeordnet haben. 173/5

Konfliktpotenzial steckt in dem Umstand, dass mit dem Versterben des Erwerbers der Grabstätte sein Nutzungsrecht auf die Erben übergeht. Diese treten dann in alle Rechte und Pflichten aus dem mit dem Friedhofsträger abgeschlossenen Vertrag ein. Kommen die Erben der Grabpflege nicht nach, kann die Friedhofsverwaltung nach vorheriger Aufforderung an die Erben die Grabpflege durch einen Gärtner durchführen lassen und die entsprechenden Kosten den Erben in Rechnung stellen. 174/6

Notizen

Notizen

Notizen